L'OPINION ITALIENNE

ET

L'INTERVENTION DE L'ITALIE

DANS LA GUERRE ACTUELLE

PAR

GABRIEL MAUGAIN

Professeur à l'Université de Grenoble

PARIS

LIBRAIRIE ANCIENNE HONORÉ CHAMPION

EDOUARD CHAMPION

5, QUAI MALAQUAIS, 5

1916

L'OPINION ITALIENNE

ET L'INTERVENTION DE L'ITALIE

DANS LA GUERRE ACTUELLE

L'OPINION ITALIENNE

ET

L'INTERVENTION DE L'ITALIE

DANS LA GUERRE ACTUELLE

PAR

GABRIEL MAUGAIN

Professeur à l'Université de Grenoble

PARIS

LIBRAIRIE ANCIENNE HONORÉ CHAMPION

EDOUARD CHAMPION

5, QUAI MALAQUAIS, 5

1916

L'OPINION ITALIENNE

ET L'INTERVENTION DE L'ITALIE

DANS LA GUERRE ACTUELLE (*)

I

Le rapprochement franco-italien.

En France, le 24 mai 1915.

Quand, le 24 mai, on apprit en France que l'Italie avait déclaré la guerre à l'Autriche, la joie fut grande : nos soldats, sur le front de bataille, lancèrent des vivats enthousiastes et arborèrent des drapeaux italiens fabriqués on ne sait comment[1]; les journaux célébrèrent le sens politique, l'esprit de résolution,

---

(*) Étude déjà publiée dans les *Annales de l'Université de Grenoble*, tome XXVII, n° 3, 1915.

[1] Voir dans le *Giornale d'Italia* du 5 juin une lettre du sergent Yvan Loiseau, fils de l'écrivain bien connu Charles Loiseau, sur la façon dont il apprit la bonne nouvelle. Cette lettre est reproduite dans la *Stampa* du 6 juin, p. 2. — Voir dans *Corriere della Sera*, 10 juin, p. 6, quelques impressions d'Allemands dans les tranchées, en France, le 24 mai (d'après les *Leipziger Neueste Nachrichten*). — La *Stampa* du 21 juin, p. 3, reproduit une lettre adressée par un combattant français, Elie Peyrable, à un collaborateur de la *Vela latina*.

la loyauté, la puissance militaire de notre nouvelle alliée [1]; la foule acclama les réservistes italiens qui regagnaient leur pays [2]; nos édifices publics furent pavoisés; les écoles fermèrent pour toute une journée; beaucoup de Français et de Françaises ornèrent leur poitrine de rubans verts, blancs et rouges. On s'abordait le sourire aux lèvres, on se disait : enfin! Jamais peut-être, depuis huit mois, on n'avait manifesté une telle satisfaction.

Parmi les motifs de cette allégresse, il en est de faciles à déterminer. On a beau avoir la croyance intime de tenir la vérité et de respecter la justice et le bon droit, on aime bien que d'autres vous confirment dans cette pensée : voilà justement le témoignage que nous apportaient les Italiens. De plus, ce peuple jouit d'un grand renom de perspicacité. Or, s'il avait estimé sa préparation militaire et diplomatique insuffisante pour intervenir plus tôt, il n'avait pas jugé, en revanche, qu'il fût trop tard en cette fin de mai. Par suite, les Austro-Allemands allaient compter de nouveaux adversaires nombreux et bien armés. Telle est la conclusion pratique à laquelle tout le monde, chez nous, aboutissait et qui remplissait les cœurs d'aise.

A ces causes de joie communes à tous les Français, d'autres

[1] Voir en particulier, à la date du 24 ou du 25 mai, les articles de Polybe dans le *Figaro*, de S. Pichon dans le *Petit Journal*, du lieutenant-colonel Rousset dans le *Petit Parisien*, de Saint-Brice dans le *Journal*, de Clémenceau dans l'*Homme enchaîné*, de Gustave Hervé dans la *Guerre sociale*. Voir dans l'*Information* du 27 mai l'article de R. Millet. Consulter aussi le *Temps* (22, 25, 27 mai), l'*Echo de Paris*, *Excelsior*.

[2] A Paris, le 25 mai, des mobilisés italiens parcoururent les boulevards dans des autos pavoisées aux couleurs italiennes et françaises. La foule les acclama (*Information*, 26 mai, p. 2). Sur le meeting organisé au Casino de Paris, le 26 mai, par la Ligue franco-italienne, sur la manifestation du peuple français à la sortie de ce meeting, cf. *Corriere della Sera*, 28 mai, p. 3. Sur d'autres manifestations, cf. *Corriere della Sera*, 27 mai, p. 3 et 6, 28 mai, p. 3, 29 mai, p. 3. Notons, en province, les manifestations d'Evian-les-Bains (cf. *Nouvelliste de Lyon*, 25 mai, p. 2), de Lyon (*Nouvelliste*, 26, 27, 28 mai, p. 3), de Marseille et de Toulon (*Matin*, 27 mai, p. 5), de Grenoble (*Petit Dauphinois*, 26 et 27 mai, p. 2), de Chambéry, d'Albertville, de Moûtiers (*id.*, p. 3), de Rive-de-Gier (*Corr. della S.*, 28 mai, p. 3), de La Seyne, d'Hyères, de Saint-Raphaël, de Menton, de Belfort (*Le Temps*, 26 mai), de Mende (*id.*, 27 mai). Pour les adresses des instituteurs de France et de la Croisade des femmes françaises, cf. *id.*, 27 mai.

s'ajoutaient pour ceux d'entre nous qui connaissent l'histoire des rapports de la France et de l'Italie. Jusqu'à ces derniers jours, ils se disaient : « En vain, nos deux civilisations se sont maintes fois pénétrées ou harmonieusement associées; en vain, Italiens et Français luttèrent pour le même idéal en 1859 et obtinrent, au prix de leur sang généreux, les mêmes victoires; en vain, tant de travailleurs italiens viennent féconder notre sol et activer notre industrie; en vain, beaucoup même s'établissent à titre définitif en notre pays et voient sans chagrin leurs fils acquérir la nationalité française, nouveau trait d'union, semblerait-il, entre les deux pays. Malgré de si nombreux et si pressants motifs de combattre sous les mêmes drapeaux, nous vivons en frères ennemis, au plus grand profit de l'Allemagne intéressée à diviser pour régner. »

Enfin nous sommes délivrés du cauchemar qui a pesé trente-cinq ans sur nous. Nous recueillons aujourd'hui le fruit d'efforts persévérants dépensés des deux côtés de la frontière. Diplomates, hommes politiques, gens de lettres, professeurs, un certain nombre de Français et d'Italiens ont travaillé sans relâche à rapprocher les deux pays. Les actes et les paroles de chacun pouvaient n'avoir souvent qu'une portée restreinte et modeste; mais leur accumulation et leur persistance ont fini par dissiper rancunes et préjugés, du moins dans une mesure suffisante pour préparer l'alliance actuelle.

II

Comment se forma l'opinion italienne entre le 1er août 1914 et le 23 mai 1915.

Dans le discours haineux et injuste qu'il prononça le 28 mai, à Berlin, devant le Reichstag, M. de Bethmann-Hollweg s'écria : « Au début de mai, suivant les observations des meilleurs juges, la majorité du peuple italien et la majorité du Parlement étaient encore opposées à la guerre. Mais avec la tolérance bénévole et l'appui des principaux membres d'un cabinet gorgé de l'or de la Triple-Entente, la populace, menée par des agents provocateurs dénués de scrupules, fut poussée à une frénésie sanguinaire, qui menaçait le roi d'une révolution et tous les modérés de l'assassinat s'ils ne se laissaient pas aller au délire de la guerre... La voix du bon sens n'était plus écoutée. La populace seule régnait [1]. »

Suivant le chancelier allemand, l'Italie aurait donc été entraînée dans la lutte, à l'instigation de la Triple-Entente, par le cabinet Salandra et la populace. Aveugle de colère ou mal renseigné, M. de Bethmann se trompait une fois de plus. Sans doute dans la foule qui, du 5 au 23 mai, manifesta par les rues, on notait beaucoup d'humbles artisans. Et ils avaient bien le droit de faire entendre leur avis, car, après tout, n'est-ce pas dans cette *canaille,* comme dirait le chancelier, ou plutôt, suivant le mot d'Auguste Barbier et de Giosuè Carducci, dans cette *sainte canaille,* que se recrutent en grande partie ceux qui donnent leur vie sur les champs de bataille pour gagner la victoire à leur patrie? Mais voyez les photographies qui reproduisent les évolutions de la foule italienne durant cette période mémorable, lisez les journaux du moment, interrogez les témoins oculaires : vous constaterez que les éléments bourgeois ne formaient pas la minorité dans cette multitude enthousiaste. Et d'ailleurs, quelle que fût la composition de ces masses d'hommes, le vrai problème, le problème des responsabilités, se pose dans les termes que voici : comment s'était formée l'opinion qui, à cette heure décisive, s'affirmait de façon si impérieuse et exigeait l'abandon de la Triplice pour la Triple-Entente?

En Italie, un peu d'ailleurs comme partout, l'opinion se prépare et se fixe sous deux influences principales. L'une a bien été vue par M. de Bethmann : celle des pouvoirs publics. Révéler certains faits inconnus, en tenir d'autres cachés, doser habilement les confidences : voilà une méthode qu'en tous pays, les

---

autorités suprêmes savent mettre en œuvre dans les discours qu'elles prononcent, dans les journaux qu'elles inspirent.

Mais l'influence que le chancelier a voulu ignorer est celle des orateurs qui s'adressent au public du haut d'une chaire d'église ou d'université, dans une salle de conférences ou en plein carrefour, celle aussi des écrivains qui agissent sur leurs concitoyens à travers les journaux, les revues, les brochures, les livres. Que sont, après tout, ces hommes, sinon les intellectuels ou, du moins, une grande partie des intellectuels? Parmi eux, en Italie, les uns étaient hostiles à l'intervention de leur pays à nos côtés, d'autres au contraire la souhaitaient. Nous entendrons leurs raisons, nous essaierons de démêler leurs arguments, nous ébaucherons une liste des catégories ou des personnalités les plus notoires parmi les *neutralisti* et parmi les *interventisti,* comme on dit là-bas.

Quant aux Italiens qui rêvèrent de courir au secours de l'Autriche, leur voix fut si vite étouffée qu'ils se rangèrent de bonne heure dans le parti de la neutralité absolue. Mais leur existence à un certain moment ne saurait, semble-t-il, être mise en doute : s'ils eurent la prudence ou la pudeur de ne pas trop étaler leurs prétentions, celles-ci sont du moins attestées par les colères et les menaces qu'elles provoquèrent en août et en septembre [1].

C'est aux *neutralisti* que nous donnerons d'abord la parole.

III

Arguments et mobiles des « neutralisti ».

1. — L'intérêt de la religion et de la papauté.

Beaucoup semblaient détournés de la Triple-Entente par une antipathie d'ordre plutôt religieux. Ils ne voulaient pas que

---

[1] Voir plus loin, p. 26. Cf. *Avanti* (d'après le *Temps,* 21 septembre 1914).

l'Italie apportât de nouvelles forces à un groupement composé de trois nations, l'une libre penseuse, l'autre schismatique, la troisième hérétique. « La France, disaient-ils, s'est appelée la fille aînée de l'Eglise, mais a rompu tout lien officiel avec sa mère et constitue en Europe le foyer principal de la démocratie en révolte contre l'autorité romaine [1]. L'Italie n'est déjà que trop encline à imiter sa sœur latine. Nous devons éviter de resserrer leurs liens [2]. » L'ardeur francophile de certains partis avancés rendait encore plus méfiants ces *neutralisti* et les confirmait dans leur attitude. « Il faut bien, disaient-ils, que nous soyons opposés à l'intervention, puisque radicaux, socialistes réformistes et révolutionnaires la réclament [3]. » Et ils ajoutaient :

---

[1] Dans une réunion *d'interventisti*, Giuseppe Ricchieri disait : Si les Germains étaient vainqueurs, ce serait le triomphe du militarisme brutal et par suite la fin des conquêtes démocratiques. « Citrulli non sono certo i clericali quando s'oppongono all' intervento dell' Italia... Sono sinceri codesti nemici delle istituzioni e degli ideali democratici, delle aspiruzioni di giustizia sociale, quando tentano tutto il possibile per allontanare l'Italia dalla Francia e dall'Inghilterra. » (*Corriere della Sera*, 14 avril 1915, p. 4.) Voir aussi la note suivante. Retenir aussi que, dans un ordre du jour voté à la fin de 1914 par les présidents des associations romaines de la jeunesse catholique, la France est qualifiée « corrotta nella carne ». Cf. plus loin, p. 31, n. 2.

[2] Ce n'est pas d'aujourd'hui qu'un parti très puissant redoute en Italie l'exemple de la France et repousse toutes relations trop étroites avec nous par suite de la contagion morale, philosophique, religieuse. Déjà Gioberti, dans le *Primato*, nous dénonçait à cet égard, en 1843. Nous voyons qu'en 1908, G.-A. Borgese s'emportait contre ceux qui ne voulaient pas d'alliance avec la France par crainte de répercussion sur la politique intérieure de l'Italie : « E prima di tutto dobbiamo smettere la disastrosa abitudine di confondere la politica esterna con la politica interna. È degno di partitanti isterici da comune rurale idolatrar la Germania, perchè la Germania protegge il trono e l'altare, o convellersi di furore per la Francia, perchè la Francia ha proclamato i diritti dell' uomo. » (*La politica di Casa Savoia*, dans la *Stampa* du 1er décembre 1908, article reproduit, p. 241 et suiv., dans *Italia e Germania*, Milano, Treves, 1915.)

[3] Deux Français, MM. Reymond et Imbart de la Tour, s'étant plaints de l'attitude de beaucoup de catholiques italiens, voici ce qu'on leur répondit : « Non abbiamo difficoltà a rendere omaggio all' idealismo, alla generosità dei cattolici francesi : ma sarà forse bene aver presente come si sono svolte le cose in Italia, perchè si possa meglio giudicare della situazione. Anzitutto sia posto in rilievo che la immensa maggioranza degli Italiani — cattolici e non cattolici — è stata lietissima che il nostro esercito non fosse obbligato a marciare contro la nostra sorella latina. Anche coloro che non potevano simpatizzare per la

« Quant à la religion orthodoxe, elle tirerait du triomphe de la Russie un regain de force et une nouvelle ardeur de prosélytisme. Par suite, elle deviendrait plus rétive au projet que l'on prête à Benoît XV de la ramener à la communion romaine [1]. » Et on concluait : « La victoire des trois peuples rebelles — Français, Russes, Anglais — aurait cette conséquence d'humilier et d'abaisser l'Autriche. Or n'est-ce pas le plus grand des Etats effectivement catholiques, le plus solide appui de la politique pontificale? »

D'autres *neutralisti* semblaient invoquer plus spécialement l'intérêt de la Papauté. Ils nourrissaient un espoir et plusieurs craintes.

On a dit que, pour prix de leur aide diligente, ils attendaient de l'Allemagne et de l'Autriche victorieuses une récompense insigne. Laquelle ? Le rétablissement du pouvoir temporel [2] ? Sans doute des journaux de Cologne ou de Vienne ont soutenu, depuis la rupture de l'Italie avec l'Autriche, que la fameuse loi des garanties est un leurre et qu'au jour de la paix, les peuples catholiques devront s'entendre pour créer au Saint-Père une situation plus favorable [3]. Sans doute Benoît XV lui-même écri-

---

politica interna della terza repubblica, non avrebbero voluto che la **Francia** soccombesse. Nella rovina della Francia avrebbero visto una sventura pel cattolicismo e per la latinità. Se non che, passato il primo periodo, si delineava in Italia la corrente interventista contro gli imperi centrali. Il radicalismo reclama la guerra precisamente a favore della Francia rivoluzionaria e **giacobina**. Il radicalismo trovò adepti nelle file del riformismo, e dei rivoluzionari : l'elemento cattolico e conservatore reagiva contro questa corrente. Si potrà deplorare che una questione nazionale ed internazionale sia giudicata più o meno esclusivamente con criterî di politica interna e non in una visione più ampia, ma Imbart de la Tour dovrà pur tener conto di questo stato di **cose** per giudicare dell' atteggiamento di una grande parte del pubblico italiano. » (*Corriere d'Italia*, 23 février 1915.)

[1] C'est du moins ce qu'affirme la *Revue d'Italie*, 1ᵉʳ mars 1915, p. 473. Ce projet n'a d'ailleurs rien d'invraisemblable et est logique.

[2] Voir la discussion de cette question par Francesco Scaduto, dans sa préface au livre de Guglielmo Quadretta, *Il papa, l'Italia e la guerra*, Milano, Ravà e C., 1915.

[3] Voir par exemple l'article de la *Koelnische Volkszeitung* que je cite plus loin (p. 14, n. 2) d'après la *Stampa* du 30 mai 1915.

vait le 1ᵉʳ novembre 1914, dans son encyclique *Ad beatissimi :*
« Ceux qui font profession d'être les fils du Pontife romain
ont tous le droit d'être assurés que leur Père commun ne dépend
vraiment d'aucun pouvoir humain dans l'exercice de son ministère apostolique. » Mais le Vatican et les journaux austro-allemands songent-ils à rétablir les Etats de l'Eglise ? Ou, du
moins, croient-ils possible de remettre la Romagne, les Mar-
ches, l'Ombrie et le Latium sous le sceptre du Pape ? Un tel
événement présuppose un cataclysme bien improbable : la ruine
complète et la dislocation du royaume d'Italie. Or il n'est pas
démontré que le clergé italien lui-même ne repousse pas de ses
vœux une telle catastrophe. Ne s'est-il pas signalé, depuis le
début des hostilités, par son loyalisme politique et son patriotisme ?

Peut-être restera-t-on plus près de la vérité si l'on prête des
visées plus modestes aux *neutralisti* dont nous parlons. En les
combattant à la tribune de la Chambre, le 4 décembre 1914, leur
adversaire, le député Colajanni, se bornait à dire : « Ils espèrent
qu'en récompense de leur attitude, la loi des garanties sera
changée en loi internationale au prochain congrès de la paix [1]. »
Il s'agit, on le sait, du texte législatif voté par le parlement
italien en 1871 « pour garantir les prérogatives du Souverain
Pontife et du Saint-Siège et pour régler les relations de l'Etat
avec l'Eglise ». Une fois revêtue d'un caractère international,
cette loi offrirait plus de sécurité au pape, car elle n'engagerait
plus la seule Italie envers lui, mais la plupart des peuples ;
ceux-ci en la consacrant assumeraient la charge de la faire
respecter par le gouvernement du royaume. A cette combinai-
son le parti catholique italien songe au moins depuis 1913 [2].

---

[1] Cf. *Corriere della Sera*, 5 décembre 1914, p. 4. — Voir dans le même journal du 6 décembre, page 1, un langage analogue tenu par le député de Felice,
également adversaire des catholiques et qui, par suite, n'avait pas intérêt à
atténuer leurs ambitions.

[2] Le 20 janvier 1913, le comte Dalla Torre, président de l'Union populaire
catholique, prononçait un discours où il engageait les catholiques à soumettre

Peut-être aura-t-il cru que les Empires centraux l'aideraient à la réaliser en récompense d'un vigoureux effort pour maintenir la neutralité italienne? A moins que, comme le veut une autre hypothèse, le but poursuivi ne fût seulement d'obtenir pour le Souverain Pontife le droit de se faire représenter au congrès qui clôturera la présente guerre [1].

En tout cas, il semble légitime d'admettre qu'en adoptant leur attitude, les *neutralisti* dont nous parlons obéissaient bien plus encore à des craintes qu'à un espoir. Supposons que l'Italie intervienne, se disaient-ils, quelle conduite pourra tenir le Saint-Père à l'égard des ambassadeurs que l'Allemagne et l'Autriche accréditent au Vatican [2]? Si, avec l'assentiment tout au moins

---

de nouveau à l'opinion publique la question romaine « pour demander que le Saint-Siège soit placé dans des conditions de liberté et d'indépendance qui lui permettent d'exercer son ministère ». Le 30 novembre suivant, on sut à quoi visait ce langage : à donner un caractère international à la loi des garanties. C'est ce qui ressort d'un article de la *Settimana sociale* de Milan, inspiré sinon écrit par l'archevêque de Udine. M. Dalla Torre revint encore sur cette question dans son discours de Gênes, le 1er décembre 1914. Cf. le commentaire du *Messaggero*, le 2 décembre.

Sur cette question et sur l'accueil assez froid qu'officiellement du moins, cette idée trouva au Vatican, cf. Guglielmo Quadretta, p. 15-16 de *Il papa, l'Italia e la Guerra*, Milano, Ravà, 1915. — Faut-il admettre, comme le fait Scaduto dans la préface de ce travail, que le Vatican ne peut approuver ouvertement l'idée, parce que ce serait renoncer formellement au rétablissement du pouvoir temporel, mais qu'il ne lui déplairait pas d'obtenir, sans donner publiquement son opinion, cette amélioration ?

[1] Voir Scaduto dans la préface citée et le *Temps*, 12 janvier, p. 2, col. 5.

[2] Sur les appréhensions que faisait naître en Italie la difficulté de résoudre ces problèmes, voir dans le *Corriere della Sera* (2 mai) l'article de Luigi Luzzati, *Guarentigie al Pontefice e la guerra*, et (3 mai) l'article de F. Scaduto, *I rappresentanti esteri presso il Vaticano e l'art. 11 della legge sulle Guarentigie di fronte a un caso di guerra*. Voir aussi *Revue d'Italie*, avril 1915, N. de Aldisio, *Les garanties pontificales et la guerre;* Scaduto, dans la préface signalée. Dans la *Revue d'Italie*, mars 1915, p. 474, l'abbé X***, d'ailleurs partisan de l'intervention, disait, se transportant par avance au jour de cette intervention : « Il y aura à résoudre, en ce moment-là, des problèmes délicats et scabreux et à donner plus d'un coup de canif à la loi des Garanties. Il faudra suspendre le droit de représentation diplomatique auprès du Saint-Siège, au moins des puissances contre lesquelles l'Italie aura à combattre, suspendre la franchise des communications postales et télégraphiques entre le Saint-Siège et les puissances étrangères et surtout expulser les congrégations allemandes et

tacite du pouvoir civil, Benoît XV garde auprès de lui ces diplomates et aussi tant d'ecclésiastiques, leurs compatriotes, qui vivent à Rome, de quelles suspicions ne sera-t-il pas l'objet! Quelles intrigues dangereuses pour l'Italie ne protégera-t-il pas involontairement! Si au contraire il permet qu'on éloigne ces étrangers, s'il renonce au droit de correspondre en toute liberté, sans passer par aucun intermédiaire, avec l'épiscopat et le monde catholique, un coup est porté à son indépendance; sa politique semble soumise à celle de l'Italie[1]. Dira-t-on qu'alors apparaîtrait mieux aux fidèles la nécessité urgente d'accroître la puissance temporelle du Souverain Pontife[2]? En attendant, il

---

autrichiennes, ainsi que tous les ecclésiastiques de ces deux nationalités qui remplissent à Rome des fonctions plus ou moins importantes. » Cf. le *Temps*, 12, 16 janv. 1915, p. 2, *Le Vatican et le gouvern. royal, Le pape et la guerre*. Cf. *Secolo*, 26 avril, p. 2.

[1] Voici les articles de la *loi des garanties* auxquels il est fait ici allusion :

Art. 11. — Les envoyés des gouvernements étrangers près de Sa Sainteté jouissent dans le Royaume de toutes les prérogatives et immunités qui appartiennent aux agents diplomatiques selon le droit international. Aux offenses contre eux sont étendues les sanctions pénales pour les offenses aux envoyés des puissances étrangères auprès du Gouvernement italien.....

Art. 12. — Le souverain pontife correspond librement avec l'épiscopat et avec tout le monde catholique, sans aucune ingérence du Gouvernement italien. A telle fin, il lui est donné la faculté d'établir au Vatican ou dans une autre de ses résidences des bureaux des postes et télégraphes servis par des employés de son choix. L'office postal pontifical pourra correspondre en paquets fermés avec les offices postaux des administrations étrangères.....

[2] Quand les ambassadeurs allemands accrédités auprès du Vatican eurent quitté Rome, voici ce qu'écrivit par exemple la *Koelnische Volkszeitung*, que je cite d'après la *Stampa* du 30 mai 1915, p. 7 : « La grande portée de l'événement apparaît à tout le monde. Aujourd'hui, pour la première fois depuis le 20 septembre 1870, la question de la sécurité du Saint-Siège devient brûlante et on constate que cette sécurité n'existe pas. Le départ des ambassadeurs est survenu, il va sans dire, sur l'invitation de leurs gouvernements; par là ces derniers ont montré qu'à leur avis la loi des garanties est insuffisante pour protéger leurs représentants auprès du Vatican. Les catholiques allemands, dans leurs assemblées annuelles, ont toujours demandé que le Pape jouisse d'une pleine et réelle liberté dans l'exercice de sa très haute charge pastorale. Puissent maintenant les catholiques des autres pays, eux aussi et surtout ceux des pays neutres, s'unir à nos efforts pour créer au pape une situation meilleure. Nous avons confiance dans les gouvernements pour mettre tout en œuvre, à peine le moment opportun venu, en vue de satisfaire à une grande nécessité mondiale : mais ces efforts ne peuvent réussir que s'ils sont fortifiés par l'appui moral des catholiques de tous pays. »

s'aliénerait de nouvelles sympathies italiennes, car ses ennemis ne manqueraient pas d'exploiter sa conduite pour démontrer qu'il ne peut pas être un ami du jeune royaume et que ses besoins sont inconciliables avec les aspirations d'un pays qui fut pourtant le berceau de la Papauté et où naquirent, avec le Saint-Père actuel, la plupart des hauts dignitaires de la Curie [1].

---

[1] Il semble bien que le Gouvernement italien n'ait pas eu à intervenir pour faire partir les ambassadeurs indésirables. Le Vatican leur aura fait comprendre adroitement qu'il valait mieux se retirer. Du reste eux-mêmes sont partis avec une certaine satisfaction, en ce sens qu'ils espéraient créer ainsi, en Italie et en Europe, des difficultés au Gouvernement italien. Qu'on relise à cet égard la note précédente et l'entrefilet de la *Koelnische Volkszeitung*. Quelques jours plus tard, d'autres journaux de langue allemande, notamment la *Neue Freie Presse*, la *Reichspost*, les *Münchener Neueste Nachrichten*, exhalaient leur indignation vraie ou feinte sur la situation du pape (cf. *Corriere della Sera*, 13 juin, p. 4).

Faisant allusion au même départ des diplomates accrédités auprès du Saint-Père, l'*Osservatore romano* du 29 mai écrivait ces lignes dont l'esprit est conforme à celui de l'article allemand précité : « Nous croyons que le départ de ces représentants diplomatiques des puissances en guerre avec l'Italie doit être attribué non pas à des accords, mais à la force même des choses, à une situation nouvelle qui, considérée de ce point de vue, est très pénible aussi pour le Saint-Siège. Le Saint-Siège, ne pouvant plus conférer directement avec les représentants d'une des parties belligérantes ni avoir, par un autre intermédiaire, des nouvelles de cette partie, et obligé de s'en tenir à une seule source de renseignements, n'est pas à même de posséder tous les éléments qui peuvent contribuer à lui fournir une connaissance exacte de la situation internationale. De là dérivent nécessairement, et par la force même des choses, l'amoindrissement et la restriction de l'internationalité qui est un élément de l'action du Saint-Siège et répond au caractère auguste de la mission bienfaisante qu'il remplit au sein de la société chrétienne. »

Cette note déclare que le départ des ambassadeurs n'est pas résulté d'un accord entre le Vatican et les puissances intéressées. Mais elle ne prouve pas que le Saint-Père n'ait fait comprendre aux ambassadeurs visés qu'il valait mieux pour eux s'en aller.

Notons qu'un journal de Zurich, les *Neueste Zürcher Nachrichten*, ayant reproduit un article d'un journal autrichien où on reprochait au Gouvernement italien divers empiétements sur l'indépendance pontificale, le consul italien de Zurich opposa le démenti formel suivant : « Il Papa continua ad esercitare il suo ministero apostolico con tutta la possibile libertà. La legge delle Guarentigie rimane completamente in vigore e il pontefice spedisce oggi, come prima della guerra, i suoi dispacci cifrati mentre i suoi corrieri diplomatici viaggiano con i plichi suggellati, senza essere sottomessi ad alcuna censura. » (*Corriere della Sera*, 13 juin 1915, p. 4.)

2. — La Triple-Entente accusée d'ambition insatiable.

D'autres fois, ce n'est ni la religion ni la morale qui détournaient de nous les partisans de la neutralité. « En sortir, disaient-ils, c'est travailler à rendre encore plus redoutable la puissance économique et militaire de la France. Or à quoi songe ce pays sinon à transformer la Méditerranée en un lac français, pour le plus grand préjudice de l'Italie? » L'invraisemblable prétention qu'on nous attribuait ainsi avait été émise, assurait-on, par un homme politique français, M. Painlevé [1].

---

[1] En réalité, M. Painlevé, député de Paris, rapporteur du budget de la Marine de 1912, avait exprimé une tout autre idée. Il avait dit : « La maîtrise de la Méditerranée occidentale est pour notre flotte un objectif nécessaire. » Cf. p. 73 du Rapport (*Journ. off.*, annexe au procès-verbal de la deuxième séance du 12 juillet 1911).

Entre avoir la maîtrise de la Méditerranée et transformer cette mer en un lac français, il y a une nuance sensible. Avoir *la maîtrise* de cette mer, c'est être en état de ne pas se laisser imposer la volonté d'une autre puissance sur les eaux qui baignent Toulon, Marseille, l'Algérie, la Tunisie, le Maroc ; les transformer en un lac français, c'est en posséder à soi seul presque tous les bords et n'y tolérer les autres pavillons qu'au prix de contraintes et de sujétions humiliantes.

La Chambre française ne comprenait pas la *maîtrise* de la Méditerranée autrement que nous venons de le supposer. Voici, par exemple, ce que disait à la tribune le député Bussat, lors de la discussion de notre programme naval, le 6 février 1912 : « Le programme naval qui vous est soumis et sera voté, nous l'espérons tous, permettra à la France d'avoir la flotte *minima* qu'elle peut désirer *si elle veut conserver la maîtrise dans la Méditerranée, c'est-à-dire conserver une relation constante entre la métropole et nos possessions de l'Afrique du Nord.* » (*Journal officiel* du 7 février 1912.)

Le 13 février, M. Painlevé, songeant à la guerre future, définissait en somme la *maîtrise* désirée lorsqu'il disait : « C'est à la France seule qu'incombera la tâche de maintenir la maîtrise dans la Méditerranée. Elle aura à protéger à la fois et ses intérêts et les intérêts anglais. Que sa puissance soit au moins égale à celle de la double flotte austro-italienne, c'est pour répéter une expression maintes fois dite, un *programme minimum.* Le projet de loi qui nous est soumis nous assure-t-il cette supériorité incontestée dans la Méditerranée? A peine, Messieurs ; et encore c'est une appréciation optimiste. Lors de l'achèvement du programme naval, nous posséderons 28 cuirassés; d'autre part, dans les hypothèses les moins pessimistes, en 1920, l'Autriche et l'Italie auront au moins 26 ou 27 cuirassés; et même, si on donne crédit à certains

Elle s'était affirmée, ajoutait-on, le jour notamment où notre armée navale avait concentré ses forces les plus redoutables entre Bizerte et Toulon [1].

Les Italiens auxquels nous donnions ainsi ombrage se confondaient avec ceux qui ne nous pardonnent pas de nous être assuré, il y a une trentaine d'années, le protectorat de la Tunisie, d'avoir annexé voici plus d'un demi-siècle la Savoie et le comté de Nice, de compter la Corse parmi nos départements [2]. Ces vieilles rancunes s'étaient attisées et rallumées, durant la récente guerre de Lybie, lors de la fâcheuse contestation relative aux deux navires nommés *Carthage* et *Manouba* [3]. Les *neutra-*

---

projets qui, probablement, seront réalisés, sinon intégralement, au moins en partie, le nombre de leurs dreadnoughts atteindrait 36. » (*Journal officiel*, 14 février 1912.)

Ces citations et les paroles prononcées le même jour par MM. de Lanessan, Thomson, Bienaimé, Nail prouvent comment, en parlant de *maîtrise* de la Méditerranée occidentale, on ne pensait aucunement en France à réaliser une ridicule ambition, mais simplement à se mettre en état de se défendre efficacement à l'occasion.

[1] Voici en quels termes la *Ligue maritime*, revue mensuelle illustrée, 8, rue de la Boëtie, Paris, enregistre cette décision dans son numéro de septembre 1912 : « Le Ministre de la Marine vient de donner l'ordre aux cuirassés de la 3e escadre de quitter Brest le 15 octobre et de rallier l'armée navale en Méditerranée. Ces cuirassés sont au nombre de six : Saint-Louis, Charlemagne, Gaulois, Masséna, Jauréguiberry, Bouvet. Nous concentrons ainsi en Méditerranée une force navale très importante qui comprendra 18 cuirassés et 6 grands croiseurs cuirassés. » Cette décision était d'ailleurs préparée depuis 1909, époque où l'amiral de Lapeyrère, ministre de la Marine, précisait que dorénavant toute appellation régionale serait supprimée (plus d'escadre de la Méditerranée et d'escadre du Nord, mais la première, la deuxième, la troisième escadre) et que les escadres seraient fréquemment réunies pour faire des exercices d'ensemble. En fait, elles se trouvèrent toutes trois en 1910 et en 1911, dans la Méditerranée, pour procéder à des manœuvres combinées.

[2] On verra plus loin, quand nous donnerons la parole aux *interventisti*, comment ces derniers répondaient aux *neutralisti* sur ce point où nos adversaires insistaient tout particulièrement.

[3] Voici l'exposé des faits, d'après le discours prononcé à la Chambre, le 22 janvier 1912, par M. Raymond Poincaré, alors président du Conseil et ministre des Affaires étrangères : « Le 15 janvier à midi, le vapeur *Carthage* de la Compagnie générale transatlantique, courrier postal régulier de Tunisie, quittait Marseille à destination de Tunis. Il avait à bord un aéroplane expédié par M. Duval, demeurant à Paris, 17, rue du Louvre, au même Duval, à Tunis. Le lendemain 16 janvier, le vapeur se trouvant à 17 milles environ de Toro,

listi se rappelaient amèrement la mauvaise humeur manifestée en ces jours sombres par le public français. Ils oubliaient, en revanche, qu'avant ces pénibles incidents, nos journaux, seuls peut-être dans toute l'Europe, avaient pour la plupart accueilli avec sympathie la nouvelle entreprise africaine de notre sœur latine.

Pour empêcher l'accord de leur pays avec la Triple-Entente, certains *neutralisti* allaient, au mois d'avril, jusqu'à suggérer au Gouvernement italien de réclamer des *restitutions* territoriales à l'Angleterre et à la France : « Ces deux nations, di-

---

en vue des côtes de Sardaigne, rencontre un torpilleur italien qui hisse le numéro du *Carthage* et qui demande à fouiller à bord. Cette demande est accompagnée d'un coup de canon à blanc. Le *Carthage* stoppe. Un officier italien monte à bord et demande que l'aéroplane de Duval soit envoyé à Cagliari ou qu'il soit détruit sur place. Le vapeur se rend à Cagliari. Le commandant en réfère au consul de France et refuse de livrer l'aéroplane. Le navire est mis sous séquestre... Le lendemain un officier demandait qu'on lui remît les sacs postaux pour en assurer, disait-il, l'expédition immédiate à Tunis. Le commandant refusa et, le jeudi 18, le paquebot fut obligé de jeter l'encre dans le port de Cagliari avec un gardien de séquestre à bord...

« Le 18 janvier, au Sud de la Sardaigne et en pleine mer, le paquebot *Manouba* était accosté par un torpilleur italien qui le visita, et constatant la présence à bord de vingt Ottomans, l'amena à Cagliari. Dès que j'eus la nouvelle de cette saisie, je télégraphiai à la fois à notre chargé d'affaires à Rome et à notre vice-consul à Cagliari. Je signalai que, d'après les renseignements fournis par l'ambassade ottomane et confirmés par la Compagnie de Navigation mixte, les passagers turcs devaient être des membres de la mission du Croissant Rouge et, à ce titre, inviolables. Pour des raisons que j'ignore, le télégramme chiffré que j'envoyai à Cagliari arriva indéchiffrable et dut m'être retourné pour être répété. Dans l'intervalle, le Gouvernement italien avait donné à notre chargé d'affaires l'assurance que, d'après ses renseignements positifs, les passagers étaient des officiers turcs ; le Gouvernement italien invoquait, disait-il, le droit des gens et, si je ne me trompe, l'article 47 de la Convention de Londres... Notre chargé d'affaires crut devoir, sans m'en référer, se conformer à cet article 47. » Par suite, il fit remettre à l'Italie les 29 Ottomans. Mais M. Poincaré soutenait que c'était à la France et non à l'Italie qu'il appartenait de vérifier l'identité et la qualité des passagers. Par suite, il demandait qu'on rendît à la France les 29 personnes arrêtées. Le 19 janvier, c'est-à-dire avant que le président du Conseil n'eût parlé, les deux paquebots étaient relâchés et arrivaient le 20 à Tunis, mais les 29 passagers turcs restaient encore prisonniers à Cagliari. Le 27, l'Italie les relâcha. Le 29, le *Saint-Augustin*, de la Compagnie générale transatlantique, alla les prendre à Cagliari et les conduisit au Frioul où il devait être procédé à leur identification.

saient-ils, peuvent bien nous consentir ce sacrifice pour prix de notre amitié[1]. »

Ce n'est pas nous seulement qu'on accusait d'ambition insatiable. Un journal illustré qui paraît à Bologne, le *Mulo,* était rempli de caricatures où John Bull s'engraisse cyniquement du sang de tous les autres peuples en guerre[2]. D'autre part, dénonçant la lutte actuelle comme un résultat « de ce mouvement colonial, nationaliste, militariste qui est si répandu dans le monde[3] », le député Treves disait à la Chambre : « Nous ne pouvons oublier que, dans l'une des deux coalitions, se trouve le Tzar qui avance en Galicie. » Plus d'un parmi les *neutralisti* adoptait en somme les vues exposées dans la *Neue Freie Presse* du 26 janvier par le comte Andrassy. Examinant ce qui arriverait dans l'Adriatique, si les Empires centraux étaient battus, il écrivait : « Notre place à nous Autrichiens serait prise en grande partie par la Serbie et ce changement causerait un dommage énorme aux Italiens. Le danger pour eux, sur la rive orientale de l'Adriatique, est toujours venu jusqu'ici des Slaves et non des Autrichiens ni des Hongrois. Sur l'autre rive, l'Italie aurait en face d'elle non seulement les forces de la Serbie, mais encore la puissance du Tzar. Le monde moscovite, après une guerre victorieuse conduite en commun avec l'Italie, ne permettrait jamais que l'Italie s'établît dans les Balkans ou sur la côte de l'Adriatique habitée par des Slaves... L'énorme puissance du monde moscovite dans l'Adriatique s'accroîtrait encore du fait qu'il acquerrait aussi une situation formidable dans la Méditerranée. Si la mer Noire devait devenir un lac russe et les Dardanelles la propriété de la Russie, cette puissance, peu à peu, finirait par obtenir une domination quasi-exclusive même sur la côte de l'Asie-Mineure et sur presque tout le bassin

---

[1] Voir les observations du *Corriere della Sera* (14 avril 1915, p. 2) sur ces prétentions exprimées par la *Stampa.*

[2] *Revue d'Italie,* février 1915, p. 273.

[3] *Corriere della Sera,* 5 décembre 1914, p. 1.

oriental de la Méditerranée. Pour l'Italie, le géant slave serait un voisin beaucoup plus dangereux que nous. »

3. — **Absence de griefs italiens contre l'Allemagne et l'Autriche.**

Les arguments cités jusqu'à présent offraient tous un caractère agressif contre la Triple-Entente. Il n'en est pas de même pour les suivants. Un député catholique des plus influents, M. Meda, disait dans un discours prononcé à Milan le 24 septembre 1914 : « Pour aller au secours de la France, il faudrait déclarer la guerre à l'Allemagne. Et quel prétexte invoquerions-nous? Quel mal nous a fait l'Allemagne? Ne sommes-nous pas toujours ses alliés? L'Allemagne, il est vrai, a violé le traité de 1839 qui garantissait la neutralité de la Belgique, ce que nous réprouvons, comme nous l'avons fait dès le début, de même que nous réprouvons le fait que l'Allemagne met à feu et à sang les villes qui lui résistent, sans même respecter les monuments les plus sacrés de la religion et de l'art. Mais tout cela ne peut constituer un *casus belli,* d'autant moins que l'Italie n'a pas signé le traité de 1839, pour la bonne raison qu'alors elle n'existait pas; elle a, par contre, signé le traité de la Triplice. »

On s'explique jusqu'à un certain point ce langage de M. Meda. Après tout, l'Italie n'avait, à première vue du moins, aucun grief à élever contre l'Allemagne. Mais l'orateur ajoutait quelques lignes où apparaissent un singulier pardon des torts séculaires de l'Autriche envers l'Italie, un étonnant souci de délicatesse chevaleresque vis-à-vis de la nation qui martyrisa jadis tant de fils de la Péninsule. « Pour marcher contre l'Autriche, disait M. Meda, il faudrait avoir quelque chose à lui reprocher dans le moment actuel. Quoi? L'Autriche n'a troublé l'équilibre des Balkans — ce qui peut nous intéresser à cause de l'Adriatique — qu'autant que cela lui était nécessaire pour ses opérations de guerre contre la Serbie. Il n'est pas dit qu'elle veuille, après la guerre, garder ou occuper des positions qui nous portent om-

brage. Il ne suffit pas non plus de rappeler les torts qu'elle a
eus à notre égard dans le passé. Si on entend la provoquer pour
la forcer à marcher contre nous et nous permettre de faire la
conquête de Trente et de Trieste, c'est une autre affaire. Alors
ce serait la guerre, une guerre déloyale et dangereuse, dont la
grande majorité du pays ne veut pas [1]. »

4. — On peut obtenir beaucoup sans guerre.

On ne doit pas conclure que les *neutralisti* faisaient tous bon
marché des revendications italiennes sur les terres *irredente* [2].
Un grand nombre d'entre eux semblaient convaincus que la
diplomatie réaliserait l'espoir contenu dans la phrase célèbre
de M. Giolitti : « Il ne paraît pas improbable que, dans les conditions où se trouve l'Europe actuellement, on ne puisse obtenir
beaucoup sans une guerre [3]. »

5. — Arguments d'ordre économique.

Ces arguments apparaissaient parmi les plus graves à la plupart des *neutralisti*. L'emprise de l'Allemagne sur la Péninsule
était à la fois si étroite et si habile [4] qu'on s'explique facilement
que beaucoup d'Italiens aient redouté une rupture de leur pays
avec cet Empire. Ils se laissaient impressionner par l'une ou

---

[1] *Revue d'Italie*, février 1915, p. 274.
[2] Cf. Borgese, *Guerra di redenzione*, Milano, Ravà, 1915, p. 20.
[3] Lettre de Giolitti à son ami le député Peano.
Cette phrase était précédée des réflexions que voici : « Je considère la guerre
non comme un bonheur, mais comme un malheur qui doit être seulement affronté
lorsque c'est nécessaire pour l'honneur et les grands intérêts du pays. Je ne
crois pas qu'il soit possible d'amener notre pays à la guerre par sentimentalisme envers les autres peuples. Quand il s'agit de sentiment, chacun a le droit
d'engager sa vie, mais non celle de son pays. En cas de nécessité, je n'hésiterais
pas à affronter la guerre, j'en ai donné la preuve. »
[4] C'est ce que nous expliquerons plus loin en dénombrant les *neutralisti*.

l'autre des raisons suivantes, sinon par les trois : ils tiraient personnellement un avantage matériel des affaires combinées en Italie par la finance et l'industrie germaniques; ils pouvaient redouter pour la prospérité elle-même de leur patrie l'effondrement des compagnies que l'Allemagne y dirigeait ou y soutenait; une généreuse naïveté les amenait parfois à croire que le royaume devait son relèvement économique à ses alliés et avait contracté envers eux une dette de reconnaissance.

6. — L'Allemagne invincible et inséparable de l'Autriche.

Finissons par un dernier argument de certains *neutralisti*. Il pouvait, à vrai dire, les dispenser d'en trouver aucun autre. « A quoi bon engager une lutte contre les Empires centraux? L'Allemagne ne saurait être vaincue ! » Il y avait là un acte de foi. Ceux qui l'exprimaient ne pourront être tirés de leur illusion que par une leçon de choses. En attendant, ils croyaient à la victoire de nos ennemis, parce que, d'après eux, l'Allemagne est le seul pays où se réalisent l'accord unanime des volontés, le respect absolu de la discipline. Cette victoire, ils ne la redoutaient pas, « car, disaient-ils, jusqu'à présent l'Angleterre est la souveraine du monde; chacun son tour! Bien plus, maîtres pour maîtres, mieux valent encore les Allemands, car ils établiront partout *l'ordre* dont leur pays seul a le sentiment et le secret ». Les Italiens qui raisonnaient ainsi avaient des âmes d'esclaves. C'étaient, plus ou moins consciemment, des disciples de ce professeur qui écrivit, en 1900, un livre intitulé *Decadenza delle nazioni latine*. On y relève cette phrase : « La résurrection des peuples latins et de l'Italie spécialement ne pourra se faire qu'à une condition : c'est que leur activité se développe dans les seules œuvres de paix [1]. »

---

[1] Voir comment Borgese traite ces *neutralisti*, p. 311 de *Italia e Germania*, p. 23 et suiv. de *Guerra di redenzione*. Cf. Ugo Ojetti, p. 8, 24 de *L'Italia e la civiltà tedesca*, Milano, Ravà, 1915.

Nous espérons avoir cité toutes les principales raisons que les *neutralisti* invoquaient, chacun suivant ses préférences, pour fortifier leur cause commune. On a pu le constater : ils parlaient au moins aussi souvent de l'Allemagne que de l'Autriche. Est-ce à dire que, suivant eux, toute brèche ouverte dans la Triplice entraînerait la ruine complète, au moins pour un temps, de tout ce système international ? Oui, apparemment, ils n'imaginaient pas que l'Italie dût se trouver en guerre avec une seule des deux puissances. La paix ou des hostilités avec l'une et l'autre : telles étaient bien les alternatives en présence pour eux, à juger du moins par leurs discours. En réalité, toutefois, nous ne disons pas tous les *neutralisti*, mais les plus irréductibles, nourrissaient le projet suivant : « Le cas échéant, pensaient-ils, nous nous efforcerons, à titre de concession, d'obtenir que, si l'Italie déclare la guerre à l'Autriche, elle tâche de conserver du moins la paix avec l'Allemagne. De la sorte, notre chère triplice ne mourra pas et nous attendrons des circonstances favorables pour la revivifier. » Mais un tel espoir, les germanophiles le dissimulaient en général. Ils servaient ainsi leur intérêt : voulant refroidir les ardeurs belliqueuses de leurs concitoyens, ils répandaient cette idée que toute injure à l'Autriche serait rigoureusement châtiée par l'Allemagne. Eux-mêmes d'ailleurs n'étaient pas tout à fait sûrs qu'il ne dût en être ainsi.

IV

Dénombrement des « neutralisti ».

On peut dire que les *neutralisti* se recrutaient surtout parmi les socialistes, les catholiques, les libéraux. Ils ne comprenaient certes pas tous les Italiens auxquels conviennent ces trois épithètes, mais bon nombre d'entre eux. Notons que ceux des libéraux qui juraient par M. Giolitti paraissaient obéir plutôt à des considérations d'ordre économique ou familial qu'à des principes politiques ou religieux. Parmi eux pouvaient aussi se trouver bien des hommes timides, timorés ou qui, passionnément attachés à leurs commodités, sont hostiles à tout ce qui menace de troubler le train habituel de leur existence.

1. — Socialistes officiels.

On sait qu'en Italie les socialistes se partagent en deux catégories très différentes : les socialistes réformistes et les socialistes officiels. Les premiers ayant toujours prêché l'intervention, nous ne songerons ici qu'aux seconds.

Quant aux socialistes officiels, ils ont envers et contre tous maintenu deux principes. D'une part, ils n'ont jamais cessé de professer pour la Triple-Entente, et en particulier pour la France, une sympathie qui réserva un rude accueil au député allemand Sudekum, envoyé vers eux par son Gouvernement pour les séduire [1]. Mais leur bienveillance pour nous s'est constamment atténuée de l'affirmation suivante : la neutralité doit présenter un caractère absolu et définitif. Le 22 septembre 1914, la direction du parti publiait dans l'*Avanti* un manifeste où on lisait : « Travailleurs! les prétextes avec lesquels on veut vous entraîner à la boucherie ne valent pas la dépense de vies humaines et de richesse que réclame la guerre... Dites que l'Italie, la seule grande puissance européenne restée en dehors du conflit, a par cela même déclaré sa mission de médiatrice entre les belligérants. Au nom de l'internationale et du socialisme, ô pro-

---

[1] Dans l'*Avanti* du 2 septembre 1914, on verra comment les socialistes italiens songèrent d'abord à refuser toute entrevue avec Sudekum. Dans leur discussion avec lui, ils se montrèrent fort sévères pour le *kaiserisme* plus odieux que le tsarisme, très émus par les atrocités de Louvain et, d'une manière générale, par les malheurs de la Belgique. C'est en français que fut rédigé un procès-verbal de cette séance.

létaires d'Italie, nous vous invitons à maintenir et à accentuer votre opposition irréductible à la guerre. » Sans doute, au sein du parti socialiste officiel, quelques hommes s'opposèrent à cette neutralité sans condition. Le plus en vue était le directeur lui-même de l'*Avanti*, M. Benito Mussolini. Il osa déclarer : « Si l'Italie veut agir, elle ne rencontrera pas d'obstacles dans l'action du parti socialiste. Pas de révoltes, pas de grèves en cas de mobilisation. Je vais plus loin : la guerre contre l'Autriche ne nous trouverait pas hostiles, mais aurait bien plutôt nos sympathies [1]. » A Bologne, le 21 octobre, Mussolini tenta de faire adopter ses vues par ses amis, qui, loin d'y consentir, affirmèrent, dans un nouveau manifeste, leur opposition immuable à la guerre [2]. Mussolini ne voulut plus diriger l'*Avanti*, fonda, pour défendre ses idées, le *Popolo d'Italia* et finit par être exclu du parti, mesure qui choqua vivement maints socialistes officiels; aussi résolurent-ils de le suivre dans sa retraite. Le parti perdait ainsi des membres, mais restait fidèle au principe de non-intervention [3].

2. — Les catholiques italiens. — La question belge.

A. — *Tous les catholiques n'étaient pas également « neutralisti ».*

Quand on étudie le rôle joué par les catholiques italiens entre le 1er août 1914 et le 23 mai 1915, il faut se garder de croire qu'ils formaient un ensemble harmonieux. On commettrait une grave erreur en ne distinguant pas des intransigeants les démocrates chrétiens et le parti-catholique clérical proprement dit.

---

[1] *Giornale d'Italia*, 4 octobre 1914.
[2] *Avanti*, 23 octobre 1914.
[3] Nous trouvons un exposé de la doctrine orthodoxe du parti dans un discours prononcé à la Chambre par le député *Treves*, le 4 décembre 1914. Cf. *Corriere della Sera*, 5 décembre, p. 1. — Sur la démission de Mussolini et ses conséquences, voir *le Temps*, 27-28 novembre 1914.

C'est le rôle des premiers qu'on examinera d'abord ici et, à propos d'eux, on signalera encore une méprise possible.

Malgré des apparences, toutes superficielles d'ailleurs, on ne saurait confondre l'attitude prise par les socialistes officiels et celle des catholiques intransigeants. Les premiers disaient : « Tous nos vœux accompagnent la France; mais elle ne doit pas attendre de nous autre chose que cet encouragement platonique; nous ne voulons pas qu'on prenne les armes en sa faveur. » Les deuxièmes invoquaient la malédiction du Ciel contre nous et représentaient l'Autriche comme une innocente victime de l'impiété franco-russe. On a même soutenu qu'ils auraient voulu que l'Italie intervînt contre la Triple-Entente; la neutralité pour eux n'aurait été qu'un pis aller auquel ils se résignaient faute de mieux! Faut-il le croire? Un fait, du moins, n'apparaît pas douteux : leurs journaux multipliaient à notre adresse les attaques haineuses et les outrages sanglants; ils soulevèrent ainsi dans notre patrie une douloureuse et légitime indignation qui éclata notamment dans une lettre du cardinal-archevêque de Lyon [1] et en divers articles de la presse catholique : tel le sui-

---

[1] Voici la réponse du cardinal Gasparri, secrétaire d'Etat, à l'archevêque de Lyon. Elle ne conteste pas formellement qu'à certaines heures, il ne se soit trouvé des journaux pour mener la campagne dont nous parlons :

« Du Vatican, le 22 novembre 1914.

« *A Son Eminence le cardinal Sevin, archevêque de Lyon.*

« Eminentissime Seigneur, j'ai bien reçu la lettre que Votre Eminence m'a fait l'honneur de m'adresser le 12 novembre courant et que je me suis empressé de placer sous les yeux du Saint-Père. Le Souverain Pontife n'a pu ne pas éprouver lui-même une fâcheuse impression à la lecture de la seconde partie de cette missive, et il me charge de vous manifester la peine qu'il en a éprouvée. Votre Eminence n'ignore pas, en effet, que, dès le début de la guerre actuelle, le Saint-Siège, embrassant dans une même sollicitude les pasteurs et les fidèles de l'Eglise universelle, s'est proposé de garder et a constamment maintenu l'impartialité la plus stricte et la plus absolue à l'égard des différentes nations belligérantes et qu'il l'a recommandée d'une manière péremptoire à la presse catholique, à celle de Rome en particulier. Je puis vous assurer que ces directions et ces conseils ont été fidèlement suivis soit par l'*Osservatore romano*, qui est sous sa dépendance directe, soit par le *Corriere d'Italia*, principal

vant que nous transcrivons du *Nouvelliste* de Lyon (27 janvier 1915) : « Il y a des plaisanteries et des caricatures qui passent les bornes. Parmi les journaux qui méritent cette leçon figurent deux journaux satiristes italiens, qui se disent et veulent être catholiques, *Il Bastone* de Rome et *Il Mulo* de Bologne. *Il Mulo*

---

organe de la *Società Editrice*. Aussi bien sommes-nous prêts à communiquer à Votre Eminence tous les documents qu'elle désirerait et qui prouvent cette affirmation.

« Votre Eminence me dispensera de citer des journaux catholiques de moindre importance, journaux de province qui échappent à la surveillance immédiate du Saint-Siège et dont la responsabilité ne saurait évidemment retomber sur lui. Et, par rapport à ces derniers, je puis vous assurer pareillement qu'ils n'ont pas manqué de s'en tenir à ces directions, surtout après avoir été, dans des cas assez rares, rappelés à leur devoir.

« En ce qui concerne l'assertion que des prélats, à Rome même, n'auraient pas tenu compte des recommandations du Saint-Siège, elle n'est pas conforme à la vérité. Il serait bien difficile à Votre Eminence de pouvoir citer le nom d'un seul prélat de Rome qui aurait publié des vœux contraires à la France.

« Nous savons bien d'où proviennent et d'où partent les calomnies qui sont répandues en France et auxquelles, on doit le constater à regret, on ajoute trop de foi parmi les catholiques eux-mêmes. »

Le cardinal Gasparri se portait garant de l'impartialité de l'*Osservatore romano*. Elle n'apparaissait pas inattaquable au journal catholique belge *le XXe Siècle*, organe officieux du ministère de Brocqueville. Le 20 janvier 1915, il accusait l'organe officiel romain de s'être montré partial envers l'Allemagne aux dépens de la Belgique en mettant au panier les communications favorables à ce dernier pays envoyées par des catholiques de choix. Cf. plus loin, p. 37.

Notons encore dans le *Nouvelliste*, journal catholique de Lyon (24 déc. 1914), qui le reproduit sans observation et qui, par suite, l'adopte, l'extrait suivant de la *Gazette de Lausanne*. C'est une correspondance de Rome : « J'ai eu l'occasion, en ces derniers jours, de m'entretenir avec un certain nombre de personnes reçues en audience par le nouveau Pape : toutes m'ont assuré que Benoît XV ne se gênait pas pour affirmer ses sympathies personnelles pour la France. Et il y a d'autant plus de mérite que la grande majorité des catholiques italiens ne voient que par les yeux de l'Allemagne et de l'Autriche. J'ai même le regret de constater qu'il ne s'est pas trouvé un seul journal catholique en Italie pour blâmer, comme elles le méritaient, les atrocités allemandes en Belgique. On comprend donc toute l'importance de la récente manifestation de Benoît XV et de sa lettre au cardinal Mercier où, en constatant et en déplorant l'état d'affreuse détresse où se trouve présentement réduite la Belgique, il stigmatise la conduite des troupes allemandes. Cette attitude si ferme et si digne du Pape est une bonne leçon donnée aux catholiques italiens. Ceux-ci, qui s'acharnent à dénigrer la France et qui n'ont pas eu un mot de véritable sympathie pour la malheureuse Belgique, oublient beaucoup trop que s'il y a des catholiques dévoués à la papauté, ce sont précisément les catholiques français et belges. »

prétend être la contre-partie et la réplique de *l'Asino,* journal libre-penseur et blasphématoire de Rome. Or, *Il Mulo* a représenté dernièrement une Jeanne d'Arc cuirassée que lutinent deux soldats anglais, caricature de l'alliance franco-anglaise. Il nous semble pourtant que les saints et les bienheureux, fussent-ils même français, ont droit au respect de tous les catholiques, même italiens. N'est-ce pas en Italie, à Rome même, que notre Jeanne d'Arc, déclarée bienheureuse par une sentence infaillible du Pape Pie X, a reçu les honneurs de la béatification, à cette inoubliable cérémonie où ce même Pape, porté sur sa *sedia gestatoria,* s'est penché pour embrasser à côté de lui le drapeau de la France que portait une des nombreuses sociétés françaises accourues alors à Rome ? »

Le parti intransigeant attribuait à l'ensemble des catholiques italiens un sentiment que les faits n'ont certes pas confirmé. A en croire un de ses organes, *l'Unità cattolica* du 5 novembre 1914, si l'Italie déclarait la guerre à l'Autriche, les catholiques marcheraient « sans énergie, sans enthousiasme, sans la valeur de qui peut dire : « Dieu est avec nous », mais seulement « comme des victimes à la boucherie ». Or qu'on lise avec le plus grand soin les journaux italiens parus depuis le 23 mai : on notera que, contrairement à ce sinistre pronostic, la guerre semble avoir parachevé l'unité nationale. Les intransigeants oubliaient qu'ils ne sont pas tous les catholiques d'Italie. Ils comptaient sans les démocrates chrétiens et sans le parti catholique proprement dit.

Sur les démocrates chrétiens, la *Revue d'Italie* (p. 273) s'exprimait en février dernier comme il suit : « Par les efforts qu'ils font pour concilier les exigences de la hiérarchie catholique avec celles des principes de la société moderne, ils sont amenés à se montrer favorables au développement des nationalités : c'est pourquoi ils se sont déclarés assez nettement hostiles au militarisme prussien ; leurs sympathies vont à la Triple-Entente. Cela ressort de l'ordre du jour que, tout dernièrement, leurs représentants ont voté au Congrès de Bologne et dont voici les points principaux :

« 1° Réunion du Trentin et de la Vénétie julienne à la mère-patrie italienne ;

« 2° Union de tout le peuple serbo-croate en un seul Etat indépendant, solidaire de l'Italie, sur les confins du Quarnero ;

« 3° Reconstitution de la Pologne une et indépendante, servant de boulevard aux deux Empires ;

« 4° Garantie et respect aussi profond que possible de l'indépendance des petites nations. »

On ne pouvait adopter un tel programme sans être prêt, si la nécessité s'en imposait, à intervenir aux côtés de la France.

Intransigeants et démocrates chrétiens constituent seulement une minorité par rapport au parti catholique proprement dit. Ce dernier, que représentent à la Chambre une trentaine de députés, comprend les citoyens désireux de concilier leur soumission au Saint-Père avec leur foi monarchique, leur loyalisme envers la maison de Savoie, leur amour de la patrie.

Dans le débat que nous décrivons, ils occupaient une position moyenne entre les deux autres groupes. En général, ils n'éprouvaient qu'horreur pour les Allemands auxquels ils opposaient de sanglants griefs : la Belgique violée, tant de femmes et d'enfants massacrés dans le Nord de la France, les églises détruites avec un parti pris évident, cette façon de concevoir le *bon vieux dieu*, cette croyance en une race élue qui serait la race germanique. Si, d'un autre côté, le même parti catholique se représentait la France comme foncièrement corrompue et s'il lui reprochait durement nos institutions, du moins n'allait-il pas jusqu'à souhaiter notre défaite. Sa principale raison pour nous épargner dans ses vœux était que notre écrasement marquerait pour le catholicisme lui-même un violent recul, au profit de l'Allemagne luthérienne. Aussi fut-il, dès le principe, hostile à une intervention de l'Italie aux côtés des Germains et salua-t-il avec joie la déclaration de neutralité. Mais cette neutralité la concevait-il comme définitive ou seulement comme provisoire et conditionnée ? Ses membres commencèrent, semble-t-il, par être divisés sur ce point, mais adoptèrent, de plus en plus nombreux, l'avis que si l'intérêt de la patrie exigeait *absolument* qu'on prît les armes, il faudrait s'y résigner. Voilà ce que nous allons essayer d'établir.

Le 24 septembre 1914, à Milan, après avoir entendu le député Meda, dont nous avons plus haut partiellement reproduit le discours, leur assemblée votait l'ordre du jour suivant : « A l'heure historique actuelle, le rôle de l'Italie est d'exercer une mission d'équilibre que toutes les puissances en conflit soient à même d'apprécier. Il peut lui être réservé une charge pacificatrice qui lui vaudrait une gloire plus grande et plus haute qu'une victoire militaire. Les catholiques décident d'adhérer, avec une entière confiance, à la déclaration de la plus complète neutralité de l'Italie; ils voient là le plus sûr moyen de sauvegarder les intérêts du pays et ceux de la civilisation en général, au milieu des rivalités politiques et économiques de l'heure actuelle. Ils font des vœux pour que le Gouvernement persiste dans l'attitude adoptée et réserve les énergies nationales pour l'heure où l'action du pays tout entier serait nécessaire contre une agression ou une menace de l'étranger. »

Si un tel ordre du jour plaisait à la majorité du parti catholique, il ne répondait déjà pas au vœu d'une minorité qui allait grossir avec le temps. Un mois plus tard, le député Montrésor, qui appartient au même groupe, affirmait que la guerre avec l'Autriche était inévitable et il accueillait cette idée sans le moindre chagrin [1].

Un écrivain catholique connu, Silvio d'Amico, n'allait pas tarder à écrire : « Il n'est pas possible que les catholiques italiens acceptent d'être diffamés en masse par l'honorable Meda et par les signataires de l'ordre du jour neutraliste sans se ren-

---

[1] *Stampa.* 24 octobre 1914.

dre compte des raisons qui ont déterminé cette attitude. Quelles sont donc les suprêmes raisons pour lesquelles on demande aux catholiques italiens de renoncer une autre fois à la patrie? Ce n'est certes pas la volonté du Pape. S'il en était de la sorte, si le Pape avait imposé aux catholiques italiens la neutralité, cela constituerait un épouvantable retour en arrière dans l'immense chemin accompli par eux. Mais il n'en est pas ainsi. Car le Pape, qui fut personnellement jusqu'à hier un francophile et un ami dévoué de ce Rampolla contre qui l'Autriche mit son veto, le Pape qui est un diplomate et un homme avisé, ne peut se faire d'excessives illusions sur le sort des armes autrichiennes et sur la possibilité d'une future protection autrichienne des intérêts catholiques en Galicie ou dans les Balkans. Au contraire, des signes non douteux permettent d'attendre de la victoire de la Triple-Entente la reprise des relations avec la France, l'accroissement de l'Eglise en Angleterre, la reconstitution de la Pologne catholique et puis enfin, si l'entreprise est accomplie avec le concours empressé des croyants italiens, la mise en valeur nationale du catholicisme en Italie [1]. »

Vers la même époque, l'Association de la Jeunesse catholique adoptait, à Rome, un ordre du jour qui, bien illustré par le discours de l'orateur dont l'initiative en obtint le vote, signifie, tout au moins et en attendant mieux, une horreur sans borne pour les Austro-Allemands [2].

---

[1] *Idea Nazionale*, 11 décembre 1914.

[2] L'ordre du jour était ainsi formulé :

« I presidenti delle assiociazioni giovanili cattoliche romane, riunite in assemblea straordinaria, invitano i soci federati ad astenersi da tutte quelle manifestazioni che potessero comunque far presumere essere la causa del cattolicismo vincolata a quella di una qualsiasi delle parti belligeranti. »

Celui qui avait déposé cet ordre du jour l'avait défendu comme suit : « Noi respingiamo lo spirito politico tedesco, la sua concezione sì della guerra che della pace. Il modo stesso con cui è concepito *l'ordine teutonico* ripugna al concetto della giustizia cristiana, il senso teutonico di *popolo eletto* è la continuazione d'un pensiero giudaico, superato dalla *umanità* cristiana : l'esasperazione del suo imperialismo è una malattia, la malattia dei popoli sani ed esuberanti, ma una malattia. Questo elemento imperialistico, consapevole,

Voici un texte beaucoup plus décisif. Nous l'empruntons au discours que le comte Dalla Torre prononça au début de 1915. Le président du plus nombreux des groupes catholiques italiens alla jusqu'à dire : « Nous sommes convaincus qu'il suffira à la nation d'avoir un motif réel et sincère de sortir de la neutralité pour que la propagande en faveur de l'intervention ait une issue favorable. Il est bien vrai que le peuple désire la paix; mais il est non moins certain que nous voulons la neutralité conditionnée et non absolue. C'est pourquoi nous croyons que le jour où le Gouvernement de notre pays ne devra pas recourir à un prétexte pour descendre dans l'arène, le peuple comprendra que l'heure du sacrifice est arrivée; il l'affrontera pour la Patrie, avec l'invincible enthousiasme de ses frères [1]. »

Il y avait loin de cette confiance et de cette docilité envers le gouvernement au refus obstiné des socialistes officiels. Certes les amis du comte Dalla Torre n'appelaient pas l'intervention de tous leurs vœux, mais ils se montraient prêts à s'y résigner. En parlant comme il le faisait, l'orateur ne prétendait d'ailleurs pas engager le Vatican. Il ne jugeait aucunement incompatible la stricte neutralité du Saint-Père avec la conduite éventuelle des catholiques. « L'unité internationale de l'Eglise, déclarait-il, n'admet ni divisions, ni luttes, tandis que la neutralité des fils d'une patrie ne peut être conditionnée que par l'inviolabilité des droits, des aspirations et des intérêts qui constituent tout à

---

riflesso, spietato, confessato nelle pubbliche dimostrazioni di *Vae victis* e nella violazione della neutralità belga, non può essere accettato dal nostro punto di vista. Per noi, al fenomeno dell' imperialismo l'elemento religioso cristiano impone la correzione, il superamento, la *misura*. Per noi, come la Francia è corrotta nella carne, così certamente la Germania è in certo senso corrotta nello spirito : basta valutare cristianamente la concezione del vecchio *buon Dio* di Guglielmo, forse luteranamente esatta ma cattolicamente sacrilega. » (Cité d'après Quadretta, ouvr. cité, p. 98.)

[1] L'évolution du parti catholique, telle qu'elle se manifestait dans ce langage, fut bien soulignée par le *Corriere della Sera*, 6 janvier 1915. « L'impression générale, disait-il, a été que le comte Dalla Torre a voulu marquer un pas en avant du parti catholique vers l'intervention. » De même *Temps*, 8 janvier, p. 3.

la fois le patrimoine matériel de la nation et l'espérance en son avenir. »

B. — *La question belge.*

Rien ne peut mieux nous faire saisir la différence entre les catholiques intransigeants et le reste des catholiques italiens que l'attitude observée par les uns et les autres envers la noble et malheureuse Belgique. Cette opposition, nous tâcherons de la mettre en relief dans une partie de ce paragraphe consacrée à une rapide histoire de la question belge en Italie.

On peut dire sans exagérer qu'après avoir mérité l'impérissable reconnaissance de l'Europe civilisée par une héroïque résistance aux Teutons, le pays du roi Albert rendit un signalé service à notre cause en Italie. La Triple-Entente profita tout entière des immenses sympathies recueillies par la Belgique dans la Péninsule. On pourrait le prouver par de nombreux faits. Nous en retiendrons quelques-uns.

En décembre 1914, à Venise, le Lloyd allemand avait exposé dans ses vitrines, place Saint-Marc, des photographies reproduisant des scènes de bombardement, par les mortiers de 420, en Belgique. La foule protesta de façon violente et obligea le bureau allemand à fermer. (*Le Temps*, 14 décembre 1914.)

A Gênes, le 7 avril, au cours d'une manifestation garibaldienne, un cortège de vingt-cinq mille personnes se porta sous les fenêtres du consulat belge et s'y livra librement à une manifestation enthousiaste. En mai, durant des journées et des soirées qui furent triomphales pour le ministère Salandra, on unissait dans toute l'Italie, aux cris hostiles contre Giolitti, le cri de « Vive la Belgique! » (*Corriere della Sera,* 8 avril, 14 mai.)

Combien d'articles de journaux consacrés à ce royaume ! Aucun peut-être ne fut plus éloquent que ceux de M. Luigi Barzini dans le *Corriere della Sera* (13 et 14 décembre 1914). Nous ne pouvons résister au désir d'en citer quelques fragments. En voici d'abord la touchante conclusion : « O pauvre et chère

Flandre, douce et paisible, unie et tranquille comme une mer calme; pays de canaux, de clochers et de silence; pieuse terre de traditions, de sérénité, de bonté et de vertu! Dans cette vieille Europe turbulente, où tous ont quelque chose à demander à leurs voisins..., il y avait un pays seul qui ne demandait rien, qui ne voulait rien, modeste, rêveur, satisfait, flegmatique, content de sa vie paisible : la Flandre. Et c'est justement contre elle que sévit la guerre la plus injuste, la plus monstrueuse, la plus féroce qui se soit jamais déchaînée au monde. Les populations flamandes fuient en lugubres caravanes, se dispersent; leurs maisons brûlent; leurs sanctuaires s'écroulent, leur patrie disparaît lambeau par lambeau... Pauvre et chère Flandre, douce et paisible! »

Ainsi finissait une étude fort belle consacrée aux Halles d'Ypres. M. Barzini les avait vues avant et après le bombardement. Il relatait ses impressions. Il les accompagnait d'un terrible réquisitoire : « Quel nouveau prétexte puéril trouveront les Allemands pour se justifier? Ils ignoraient la valeur d'Ypres? Alors où est la culture allemande? Ils connaissaient la valeur d'Ypres? Alors qu'est-ce que c'est que la culture allemande? Ils diront, comme pour Reims, que les tours pouvaient servir d'observatoires? Alors, pourquoi n'ont-ils pas tiré sur l'église Saint-Pierre, dont les hauts clochers pouvaient également servir d'observatoires? Pourquoi les quartiers d'Ypres éloignés des Halles, du côté de la porte de Menin, sont-ils restés intacts? Non, non; on a tiré sur les Halles pour les détruire. Eh bien! nous pouvons à la rigueur réussir à maintenir une réserve affectée de neutres, dans la guerre des nations; mais dans la guerre entre l'Allemagne et les Halles d'Ypres, entre l'Allemagne et la Bibliothèque de Louvain, entre l'Allemagne et la cathédrale de Reims, il n'est pas possible d'être neutres. Le « pied de bronze », comme ils disent, de l'Empire allemand écrase un patrimoine d'art et de beauté qui est aussi à nous; une vie précieuse qui est chère à tous les peuples civilisés; un culte que partagent tous les hommes qui ont un sentiment, une âme, une pensée. Nous aussi nous nous sentons atteints. Notez bien que les positions des alliés sont au delà d'Ypres. Pour bombarder les Halles, les Allemands ont dû tirer au-dessus des lignes ennemies. Ils ont épargné les soldats pour atteindre les monuments. C'est ce qu'ils ont fait chaque fois qu'ils l'ont pu. Si une ville se trouve derrière l'armée qui les combat, cette ville est condamnée. Ne pouvant pas forcer les barrières des troupes, ils bombardent les maisons, les familles, les gloires artistiques ; ils cherchent le point le plus douloureux, le plus sensible ; ils torturent le moral de l'adversaire ; ils lancent leurs obus sur ses traditions, ses affections, ses sentiments. Ils punissent les cathédrales parce qu'elles sont une force, les beffrois parce qu'ils sont un symbole, les monuments parce qu'ils ne sont pas allemands. Tout pays qui garde jalousement les trésors de sa civilisation doit frémir devant ces procédés de destruction, cette nouvelle manière de faire la guerre. »

A la Chambre des députés aussi, le nom de la Belgique fut plus d'une fois prononcé avec un respect attendri, notamment le 5 décembre 1914. M. de Felice commença son discours en déplorant la violation d'un pays si riche et si industrieux. A son tour, l'honorable Cicotti s'écria : « La conscience italienne ne peut rester indifférente devant le déchirement subi par la Belgique. Celle-ci pourra voir ses villages détruits, ses usines incendiées, ses clochers abattus, ses trésors dispersés dans les musées d'art du vainqueur, mais elle aura sauvé son honneur. » (*Corriere della Sera*, 6 décembre.)

Cette sympathie pour la Belgique apparut d'abord dans les milieux avancés que représentaient les deux orateurs dont nous venons de citer les discours : c'est surtout par les républicains et les socialistes que furent acclamés, en novembre et en décembre, les députés démocrates belges Lorand et Destrée, lors d'une tournée de conférences [1]. Mais de bonne heure aussi, leur col-

---

[1] Dans le *Petit Parisien* du 27 novembre 1914, M. Destrée raconte sa première conférence à Venise, dans la grande salle du *Gazzettino* : « Une vingtaine

lègue Melot, qui avait obtenu du Saint-Père une audience, trouvait parmi de nombreux catholiques un chaleureux accueil [1].

A cette bienveillance croissante pour le pauvre royaume ne

---

de jeunes gens, irrédentistes, poussaient des cris répétés en l'honneur de Trente et Trieste ; d'autres, en nombre égal et d'égale fougue, appartenant au parti socialiste, vociféraient : « Abbasso la guerra! » Je pénétrai dans la salle au milieu de ce tumulte. Les manifestants voulurent bien y renoncer un instant pour se joindre à l'acclamation unanime qui saluait la Belgique. »

Sur le succès et le talent de M. Destrée, cf. Arnaldo Agnelli, député au Parlement, *Jules Destrée orateur* (*Revue d'Italie*, 1er mai 1915). Sur sa conférence du 24 février à Gênes, sur les démonstrations plutôt tumultueuses qui la suivirent, voir le *Lavoro* de Gênes, 25 février 1915.

[1] Voici ce que M. Destrée disait dans le *Petit Parisien* du 25 novembre 1914 : « Je lis dans le *Journal de Genève* qu'un revirement se manifeste dans les milieux catholiques. Les conférences que M. Melot, mon collègue pour Namur, y est venu faire, tandis que M. Lorand et moi visitions les centres démocratiques, les entretiens qu'il a eus avec le Saint-Père et diverses notabilités ne seraient pas étrangers à cette évolution... Spécialement en ce qui concerne la Belgique..., les catholiques italiens ne refusent plus de s'y intéresser. Au contraire, les jeunes, les éléments nuancés de démocratie ou de socialisme chrétien se prononcent avec force. »

On peut d'autant plus ajouter foi au témoignage de M. Destrée qu'il ne peut être soupçonné de partialité envers les catholiques italiens. Leurs journaux l'avaient assez malmené. Il est vrai que M. Destrée semble, de son côté, n'avoir pas été des plus tendres pour le Vatican. Voici ce qu'il écrivait dans le *Petit Parisien* du 28 novembre 1914 : « Je me suis vu attrapper vigoureusement par des journaux catholiques parce que, dans le discours au meeting de Milan, je m'étais permis de mettre en cause le Vatican. Des articles sensationnels, aux titres sonores, m'ont traité d'insulteur, de défenseur maladroit des intérêts belges, d'exportateur des haines anticléricales. Mon crime était vraiment mince. Jugez-en, j'avais dit que la population belge, écrasée sous l'injustice et la brutalité de l'envahisseur, avait anxieusement espéré du secours des forces morales sur lesquelles elle pouvait, elle devait compter. J'avais montré les chrétiens se tournant vers la divinité, ou tout au moins vers son représentant sur la terre... Et le Vatican n'avait rien dit. De là, grande colère de certains, qui prétendirent que j'avais bassement insulté le Saint-Père. Je m'étais pourtant borné à constater un fait... Depuis le discours de Milan, le pape actuel a promulgué une encyclique. Je ne la discuterai pas, puisqu'il est évident qu'elle n'a point visé le cas de la Belgique, et précisément, je ne puis admettre, pour ma part, que le cas puisse être négligé à l'heure présente par le gardien des lois chrétiennes. Plaindre des victimes sans condamner les bourreaux n'est qu'une demi-justice. Mais ceux qui prétendent connaître le Vatican vous diront que c'est déjà énorme. L'influence de l'Autriche y est encore considérable. A tort ou à raison, on la considère comme la plus catholique des puissances, la plus dévouée au Saint-Siège, et l'on craint extrêmement toute manifestation qui pourrait lui paraître désagréable. »

furent pas non plus étrangères, d'une part, la visite faite à Rome par monseigneur Deploige, président de l'Institut supérieur de Louvain, d'autre part, l'émouvante et noble pastorale du cardinal Mercier.

Mais ici, comme nous l'avons annoncé plus haut, il faut distinguer entre les catholiques intransigeants et les autres.

Auprès de la presse intransigeante le pays du roi Albert ne trouvait pas grâce. Le 20 janvier, un journal belge, qui se publie actuellement au Havre, *le XX* Siècle,* et qui, à Bruxelles, passait pour être l'organe des éléments dirigeants du parti catholique et du gouvernement, publiait un article qui fut très lu et très commenté en Italie. Pour bien le comprendre, il faut se rappeler que, depuis plus de quinze jours, les autorités allemandes apportaient à la liberté du cardinal Mercier, archevêque de Malines, des entraves redoutables. M. Roland de Marés écrivait donc dans *le XX* Siècle :* « La presse catholique italienne continue, hélas! de comprendre et de pratiquer à l'allemande la solidarité catholique internationale, la liberté de la parole apostolique, l'honnêteté professionnelle enfin et les devoirs de la presse vis-à-vis du public. Commençons par l'*Osservatore romano,* complice avéré, depuis le commencement de la guerre, du Wolff Bureau dans sa honteuse campagne contre la Belgique envahie, conquise, martyrisée. Dans son numéro du 13 janvier, *le XX* Siècle* a exposé à l'admiration publique ses tentatives d'escamotage en vue de donner le change sur l'arrestation du cardinal Mercier et sur la violence faite par l'autorité allemande à la liberté apostolique du vénéré prélat. Jusqu'à présent, réserve faite pour son numéro du 7 janvier, que nous ne possédons pas, l'*Osservatore romano* n'a publié sur cet incident, qui intéresse au plus haut point les catholiques du monde entier, que des dépêches de source allemande. Bien plus, les dépêches de l'agence Stefani, qui est à demi dépendante de Berlin, lui ont paru dangereuses à publier dans leur texte intégral. Leurs demi-teintes lui ont semblé trop claires, leurs réticences insuffisantes. Il en a soigneusement éliminé toutes les informations susceptibles d'offenser ou seulement de chagriner les Allemands, notamment la dépêche annonçant que le cardinal Bourne avait fait traduire en anglais et répandre dans le Royaume-Uni la lettre du cardinal Mercier. Les déclarations émouvantes du cardinal Amette et l'admirable dépêche du roi des Belges au Saint-Père sont encore ignorées des lecteurs de l'*Osservatore romano*. Si cette feuille était aux ordres du gouvernement de Berlin, on se demande ce qu'elle pourrait faire de mieux ou de pire [1]. »

Peu de jours après cette protestation, l'*Osservatore romano* provoquait encore la tristesse et la colère de maint catholique. Voici comment : une cérémonie religieuse allait être célébrée à Rome en l'honneur des prêtres belges fusillés par les Allemands [2]. Le journal ne publia l'annonce relative à cette solennité qu'en faisant subir au texte des modifications tendancieuses. Le baron d'Erp, ministre de Belgique auprès du Saint-Siège, dut mettre l'*Osservatore* en demeure de rétablir l'avis dans sa forme exacte. Après tout, il n'y avait rien de compromettant pour des journaux à imprimer une circulaire qui n'engageait en rien leur responsabilité propre (*Nouvelliste*, 24 janvier 1915).

Quelques semaines plus tard, le baron d'Erp fut remplacé par M. Van den Heuvel, ministre d'Etat, ancien ministre de la Justice, professeur de droit international à l'Université de Louvain, une des personnalités les plus éminentes du parti catholique belge, un des hommes ayant exercé à Bruxelles l'influence la plus considérable au sein de la droite conservatrice. Ces titres auraient dû lui mériter les égards d'un journal comme l'*Osservatore romano*. Néanmoins ce périodique crut devoir reproduire un article allemand très hostile au nouveau ministre

---

[1] Sur l'émotion que produisit à Rome cet article du *XX⁰ Siècle*, cf. une correspondance de Rome reçue par l'*Echo de Paris* et reproduite par le *Temps*, le 24 janvier 1915.

[2] Sur ces victimes, cf. le témoignage du cardinal Mercier dans le *Temps*, 22 février 1915, p. 1.

de Belgique. L'ambassadeur d'Angleterre et le cardinal anglais Gasquet protestèrent aussitôt et l'*Osservatore romano* reçut l'ordre de publier une note de caractère officieux désavouant formellement l'article du journal germain. De plus, le Pape exprima ses regrets au sujet de cet incident, auquel le Saint-Siège se déclara complètement étranger (*Temps,* 16 mars).

L'*Osservatore romano* s'était donc, une fois de plus, montré rebelle aux instructions que, dès le mois de novembre, le cardinal Gasparri, secrétaire d'État, affirmait avoir données à cet organe officieux du Vatican. Doit-on conclure de là que l'autorité du Pape était contrebalancée, à la cour pontificale même, par des influences toutes dévouées aux Empires centraux?

On peut le penser, car il semble bien que Benoît XV se soit donné pour but, à tort ou à raison, le respect absolu de la neutralité. C'est ce qu'il voulut déclarer quand, au Consistoire du 22 janvier, il dit : « Le Pontife romain, en tant, d'une part, qu'il est le vicaire de Jésus-Christ mort pour tous les hommes et pour chacun, en tant, d'autre part, qu'il est le père commun des catholiques, doit embrasser dans un même sentiment de charité tous les combattants. Il a de chaque côté des belligérants un grand nombre de fils dont le salut doit mériter une égale sollicitude [1]. »

Il faut considérer l'*Osservatore romano* comme ayant été,

---

[1] Noter cependant qu'à ce même Consistoire du 22 janvier, le Pape eut pour son « bien-aimé peuple belge » quelques paroles dont le Ministère des Affaires étrangères de Belgique le remercia (*Temps,* 7 fév. 1915). Dans son allocution, Benoît XV faisait aussi allusion à une lettre bienveillante qu'il avait adressée au cardinal Mercier en décembre (cf. *Temps,* 17 décembre 1914 et 12 janvier 1915). Cependant cette allocution et cette lettre ne réussirent pas à calmer tous les catholiques français et belges; ils auraient voulu davantage. On s'étonnait de leur mécontentement au Vatican, s'il faut en croire l'*Idea nazionale* et le *Corriere della Sera* (cf. *Temps,* 2 et 27 février, 1er mars 1915).

Sur l'arrestation du cardinal Mercier et le mouvement d'opinion qu'elle provoqua au Vatican, cf. *Temps,* 10, 11, 12, 16, 20, 22, 23, 25, 30 janvier, 10, 15 février, 2 mars 1915.

Sur les dépêches que le Roi de Belgique et le Pape échangèrent relativement à l'arrestation du cardinal Mercier, cf. *Temps,* 16 et 25 janvier, 18 février 1915.

Sur les sentiments intimes du Pape, cf. plus haut, p. 26, 27, 31.

en ces heures tristes, le porte-parole des intransigeants. A sa conduite peuvent être heureusement opposées les manifestations de divers groupes catholiques beaucoup plus humains.

Dans un discours prononcé le 23 novembre 1914, à Milan, un de leurs chefs disait : « Aucun de nous, tout en laissant chacun libre de ses sentiments sur les tristes vicissitudes de la guerre européenne, n'osera anticiper sur le jugement définitif de l'histoire, dans un aussi complexe ensemble de responsabilités anciennes et récentes; mais tous comprennent que la question de la Belgique mérite d'être considérée en soi, parce qu'elle représente un principe, lequel manquant, aucun rapport social n'est concevable : le principe que le droit international doit reposer sur le respect des traités, comme le droit civil repose sur celui des contrats. L'égoïsme sacré pour la patrie, par lequel notre gouvernement a défini le programme des Italiens à cette heure difficile, n'empêche pas d'émettre un vœu, expression insigne de notre sympathie pour un peuple valeureux et de notre fidélité aux raisons supérieures de la justice; le vœu que, quelle que soit l'issue du conflit, la Belgique retrouve ses frontières et aussi que ce soient les Etats neutres spécialement qui fassent valoir ce droit, parce que c'est pour défendre sa neutralité que la Belgique a souffert. » (*Nuova Antol.*, 16 avril 1915, p. 624.)

A Rome, le 4 janvier, dans sa première assemblée générale de l'année 1915, l'Association catholique de la jeunesse italienne votait à l'unanimité de ses membres l'ordre du jour suivant : « La Société de la jeunesse catholique italienne, réunie en assemblée générale le 4 janvier 1915, sans s'attarder à l'examen des causes du conflit actuel, dont seule sera juge l'histoire, croit cependant du devoir de tout chrétien de souhaiter avec ardeur qu'à la fin de la guerre, la Belgique, qui a si bien mérité de la civilisation, renaisse à la dignité de nation indépendante [1]. »

----

[1] Cf. dans le *Corriere della Sera*, 4 juin 1915, les télégrammes échangés,

Le 23 mars, les représentants de toutes les œuvres catholiques de la Péninsule, réunis à Rome en leur assemblée mensuelle, votaient, en faveur de la Belgique, la motion suivante : « Le Conseil général fait des vœux pour qu'à la conclusion de la paix, la Belgique puisse renaître à la dignité de nation indépendante, au nom et sous la garantie intangible du droit international chrétien. »

Le 1ᵉʳ mai, *la Conquista*, organe de la jeunesse catholique italienne, consacrait son numéro « à la cause du peuple héroïque qui, le premier de tous, servit la beauté de l'idéal, à la cause de *notre Belgique* ». Le journal disait : « Au nom de cette civilisation née du christianisme, au nom de la lumière de la foi qui anime ce peuple travailleur, comme elle réconforte maintenant leur patrie étranglée, aujourd'hui, premier mai chrétien du travail et de la dignité humaine, nous, jeunes catholiques, travailleurs catholiques, nous nous promettons de voir effacés les vestiges du crime immense dont *notre Belgique* a été victime et de pouvoir la saluer rendue à la vie, à la beauté, à la démocratie chrétienne. »

Que penserons-nous d'hommes à ce point indignés par le martyre de la Belgique? S'ils ne pouvaient tous encore se ranger parmi les *interventisti* résolus, ne semblaient-ils pas comme préparés et destinés à devenir, en un jour prochain, des membres de ce parti?

3. — Les clients de l'Allemagne.

Beaucoup de *neutralisti* n'appartenaient ni au parti socialiste officiel, ni au parti catholique, ou, du moins, leurs arguments

---

après l'entrée en scène de l'Italie, entre M. Victor Bucaille, vice-président de l'Association de la jeunesse catholique française, et M. Pericoli, président de l'Association de la jeunesse catholique italienne.

les plus forts n'étaient pas ceux que nous avons passés en revue.

La plupart des Italiens auxquels nous pensons ici obéissaient à des considérations d'ordre économique. Ils se recrutaient dans tous les milieux et en nombre considérable. On le comprendra quand on aura lu l'exposé suivant. Il résume une série d'articles publiés par M. G. Preziosi, sous le titre *Il cavallo di Troia,* dans la *Vita italiana all' Estero* (août-décembre 1914). Il les a réunis en un volume. Ils ont fait grand bruit, à juste titre. Écoutons M. Preziosi. Quand l'Italie eut conclu avec les deux Empires du centre la Triple-Alliance, les valeurs italiennes tombèrent à la Bourse de Paris en un immense discrédit. Pour remédier à cette crise, Francesco Crispi favorisa l'initiative de quelques Allemands qui créèrent à Milan la *Banca commerciale.* Le capital fut d'abord modeste : cinq millions. Vingt ans après il était trente fois plus grand. En 1914, les fonds *italiens* maniés annuellement par cet institut était de 800 millions; sur les trente-trois têtes du conseil d'administration, une minorité de quinze membres était italienne; encore l'avait-on choisie dans le monde politique et dans l'aristocratie, au lieu de faire appel à des personnalités connues pour leur compétence financière. Au contraire, les Allemands et les Autrichiens étaient des hommes d'affaires et, ce qui semble plus grave, les agents de puissantes compagnies étrangères qui les déléguaient pour ainsi dire en Italie. La direction réelle appartenait à trois Allemands. « En somme, écrit G. Preziosi, on dirait que dans le conseil d'administration les charges honorifiques sont réservées aux Italiens et les postes effectifs aux étrangers, avec une préférence pour les Allemands et les Autrichiens. » La Banca accordait toute sorte de facilités aux commerçants et aux industriels allemands désireux d'étendre leurs affaires en Italie, ou aux Italiens prêts à être des clients de l'Allemagne. Venait-elle à savoir qu'une société ou une entreprise italiennes avaient besoin de machines ou de matériaux? Elle leur recommandait telle ou telle maison allemande sur un ton qui signifiait : « Obéissez-moi, sans quoi nos guichets vous sont fermés, vous n'avez plus à compter sur mon aide. » De plus, en répandant certaines fiches d'*informations* réservées et confidentielles, la Banca faisait si bien qu'ailleurs aussi les Italiens récalcitrants se voyaient refuser tout crédit.

Avec une telle méthode, l'Allemagne parvenait à de merveilleux résultats. En effet, parmi les nations qui importent des marchandises en Italie, l'Allemagne tenait la première place. Par exemple, bon an mal an, elle introduisait en ce pays deux cents millions de matériel électrique provenant de la A. E. G., de la Brown Boveri, de la Siemens, trois maisons que la Banca commerciale soutenait énergiquement.

Cet institut financier sut encore étendre sa puissance en devenant maître des sociétés anonymes si nombreuses en Italie. Dans chacune il n'engageait qu'un capital assez faible, mais qui, étant réuni entre les mains de quelques Allemands très peu nombreux, donnait à cette minorité plus d'influence, pour la direction de l'œuvre, qu'à la majorité des actionnaires trop nombreux et trop dispersés sur le territoire pour lutter contre cette sorte de concentration. La Banca s'était ainsi emparée des compagnies maritimes et des plus grandes industries italiennes, y compris celles qui travaillent pour l'armement national. Elle leur permettait de vivre sous la réserve de ne pas aller trop loin dans la prospérité, c'est-à-dire de ne pas devenir trop avantageuses pour la richesse et la sécurité de l'Italie, ni, par suite, trop nuisibles à l'expansion commerciale et industrielle de l'Allemagne.

On ne s'étonnera pas que la Banca commerciale ait tenu sous sa dépendance plus ou moins directe un grand nombre d'Italiens : avocats, ingénieurs, industriels, hommes politiques, journalistes, sans compter des milliers d'ouvriers. Beaucoup vivaient par elle et subissaient son influence, c'est-à-dire une pression allemande. Conseils, menaces, promesses renouvelaient sur eux un assaut infatigable. Soit intérêt personnel, soit angoisse patriotique, ces clients de la *Banca commerciale* pouvaient s'imaginer que l'entrée en guerre de leur pays aux côtés de la Triple-Entente entraînerait pour eux la perte de situations péniblement acquises et, pour l'Italie, la ruine économique.

4. — Maris d'Allemandes, beaux-pères, gendres d'Allemands.

D'assez nombreux Italiens se trouvaient retenus dans la neutralité par des considérations familiales. Il ne s'agit pas seulement de professeurs : l'autorité avait ses bonnes raisons pour faire recenser, comme elle l'ordonna, tous les officiers ayant épousé des étrangères [1]. Immense était le péril créé par ces unions. « Quand vous jurez fidélité à une femme, disait le *Corriere della Sera* [2], vous risquez de vous engager, à votre insu, envers sa patrie. Avec vous, combien des vôtres entraînez-vous ! » Durant les polémiques auxquelles mit fin la déclaration de guerre, on s'en prit souvent aux « maris des Allemandes ».

Cette catégorie présentait d'étroits rapports avec celles des beaux-pères, des gendres, des beaux-frères, des cousins d'Allemands. En avril dernier, mourait à Rome un ancien membre de l'Université de Turin, directeur autrefois d'une des principales bibliothèques de la Péninsule, poète qui eut son heure de vogue. Son attitude hostile à la cause des alliés semblait due au triple mariage allemand de ses deux fils et de sa fille. Sa mort fut hâtée par la crainte d'une guerre qui allait ranger dans deux camps opposés des êtres également chers à son cœur [3]. Rappro-

---

[1] *L'Agenzia Nazionale della Stampa* dice di aver appreso da fonte di credibilità non dubbia che « in questi ultimi giorni sono stati ultimati due censimenti che, dato il momento, hanno grande importanza. Si tratta di un accertamento statistico sul numero degli stranieri che si trovano in Italia e di una indagine sul numero e sulle persone degli ufficiali che hanno sposato signore straniere » (*Corriere della Sera*, 12 avril 1915, p. 6).

[2] *Id.*, 24 avril 1915, p. 3.

[3] Voir dans le *Corriere della Sera* du 14 avril 1915, p. 4, *La morte di Domenico Gnoli :* « Ieri sera (12 aprile) ha cessato di vivere il conte prof. Domenico Gnoli... In questi ultimi mesi, da quando cioè scoppiò il conflitto europeo,

chons de cet exemple le suivant. Désireux de déclarer la guerre
à l'Autriche, le ministère Salandra reconstitué se présenta le
20 mai devant le Sénat pour lui demander de pleins pouvoirs. A
son entrée dans la salle, il fut salué par les cris enthousiastes
de « Vive Salandra! Vive le Roi! Vive l'Italie! » Deux sénateurs
seuls restèrent assis et se turent. L'un s'appelait le prince de
Camporeale. Il avait comme beau-frère le prince de Bülow,
l'ambassadeur extraordinaire et malheureux de Guillaume II, le
diplomate astucieux que son alliance avec une grande famille
italienne avait, autant que sa finesse, désigné pour essayer de
retenir l'Italie dans la galère germaine [1]. Le lendemain, 21 mai,
le ministère Salandra obtint un vote de confiance unanime, à
deux voix près : toujours les deux mêmes [2]!

Après ce dénombrement des *neutralisti,* il importe de placer
une remarque. Sauf les socialistes officiels et les catholiques
intransigeants, à peu près tous les *neutralisti* se déclaraient
prêts aux résolutions belliqueuses si, par des accords amiables,
l'Italie ne parvenait à obtenir de l'Autriche des avantages suffi-
sants. Mais telle était la diversité de leurs désirs que les concessions de François-Joseph, s'il en consentait, ne pouvaient, à
coup sûr, les satisfaire tous. Il était aisé de prévoir que les uns

---

D. G. aveva partecipato attivamente alla propaganda per la continuazione della
neutralità dell' Italia di cui era uno dei più zelanti assertori, tanto che il suo
nome fu spesso oggetto di vivaci critiche in alcuni ambienti politici romani, i
quali attribuivano questo suo atteggiamento specialmente ai suoi vincoli di pa-
rentela con famiglie tedesche. Difatti una delle figlie di lui è sposa di Carlo
Vossler, professore di lingue e letterature neo-latine all'Università di Stras-
burgo e attualmente ufficiale nella Landwehr, e i suoi due figli sono sposati
con signore tedesche. A chi lo avvicinava in questi ultimi tempi parve ancor
più turbato dalla preoccupazione che l'Italia avesse un giorno o l'altro a tro-
varsi in conflitto con gli imperi centrali, e forse questo pensiero ha contribuito
ad aggravare le sue non più floride condizioni di salute. »

[1] *Corriere della Sera,* 21 mai 1915. L'autre sénateur s'appelait Cefaly. L'attitude de ces deux personnages souleva des protestations et le prince de Camporeale (mais pas l'autre) finit par se lever et par s'associer aux applaudissements qui, cette fois, s'adressaient à l'armée.

[2] *Corriere della Sera,* 22 mai.

se contenteraient du moindre grain de mil, tandis que d'autres
entendraient assurer un brillant avenir à leur patrie. Le parti
des *neutralisti conditionnels* manquait donc de toute vraie unité
et on pouvait deviner qu'il se résoudrait, à l'heure des suprêmes
décisions, sinon plus tôt, en deux groupes, comprenant·l'un les
hommes qui battraient en retraite, l'autre ceux qui viendraient
grossir les troupes des *interventisti*.

V

Arguments et mobiles des « interventisti ».

1. -- Les offres de M. de Bülow.

Les partisans de l'intervention ne s'étaient pas entendus pour
fixer dans toutes ses parties leur programme définitif [1]; l'unanimité ne régnait pas entre eux sur l'étendue des avantages à
obtenir de l'Autriche. Mais tous considéraient que Trente et
Trieste, pour le moins, devaient revenir en toute souveraineté à
l'Italie [2]. Ces terres mêmes, les obtiendrait-on sans y contraindre

---

[1] Voir Scipio Slataper, *I confini necessari all' Italia;* Mario Alberti, *Trieste;*
Giuseppe Stefani, *l'Istria;* Virginio Gayda, *la Dalmazia;* Cesare Battisti, *Il
Trentino;* Icilio Baccich, *Fiume;* Ignazio Bresina, *Il Friuli irredento* (le tout
a cura de *l'Ora presente*, Torino) ; — Enrico Burich, *Fiume e l'Italia;* C. Battisti, *Il Trentino italiano;* G. Caprin, *Trieste e l'Italia* (Ravà, Milano), — une
conférence de Barone, dans le *Lavoro de Gênes*, 11 février 1915, etc.

[2] Voici les désirs exprimés par M. Scipio Slataper (*I confini necessari al-
l'Italia*, p. 32) : « Le nouveau territoire italien sera d'environ 36.000 kilomètres
carrés, c'est-à-dire Trieste, Gorizia e Gradisca, l'Istrie, le Trentin et le Haut
Adige, Postumia, la vallée du Fella, des morceaux de Loitsch et de la Croatie,
Fiume, la Dalmatie. »

M. Salvemini (*Unità*, 12 mars 1915) demandait : 1° qu'à l'Italie fussent
annexées la Vénétie Julienne, les îles du Quarnero et la péninsule de Zara ;
2° que les habitants de Fiume décident par un plébiscite si Fiume serait rendue
à son autonomie traditionnelle sous la garantie solidaire de l'Italie et de la
Serbie, ou bien annexée à l'Italie. M. Salvemini déclarait que ses préférences
portaient, en outre, sur les points suivants : a) un royaume serbe-dalmate-

les Empires centraux par une victoire gagnée les armes à la
main? Le supposer, répondait-on, c'est ignorer quel désastre la
perte de si riches territoires constituerait pour François-Joseph;
c'est méconnaître, de plus, la force du raisonnement que voici :
quelle que soit l'issue de la terrible lutte actuelle, l'Allemagne,
on n'en saurait douter, voudra se procurer des avantages ou des
compensations aux dépens de l'Autriche qui déjà s'est laissée
militairement absorber par elle. Or, si nous songeons aux tendances pangermanistes des sujets du kaiser Guillaume, si nous
retenons le mot de Bismark : « Qui touche Trieste touche la
pointe de l'épée germaine », nous conclurons que jamais l'Allemagne n'abandonnera de bon gré à l'Italie cette ville importante [1].

Ce raisonnement des *interventisti* était juste. On le vit bien
lorsqu'en mai, l'organe de M. Giolitti, la *Stampa*, voulut enfin
parler clair et révéler les offres transmises par M. de Bülow. « A
l'Italie, disait le journal, on laissera toute liberté d'agir dans
l'Albanie méridionale, on reconnaîtra la possession de Valona,
on donnera *peut-être* Gorizia et quelques îles dalmates; d'autre
part, on assure dès à présent à Trieste son autonomie, l'Université italienne et le port franc, ainsi que la cession à l'Italie du
territoire de l'Isonzo, y compris Gradisca et la partie du Tyrol
habitée par des Italiens, c'est-à-dire tout le Trentin. »

Sur la valeur de ces concessions, nous prendrons l'avis d'un
homme particulièrement autorisé à le donner. Dans le *Secolo*
du 13 mai, M. Cesare Battisti, député de Trente, les jugeait

---

croate-slovène arriverait à Lubiana, comprenant toutes les populations jougo-
slaves de l'Autriche et de la Hongrie, sauf celle des zones de frontière ratta-
chées à l'Italie; *b)* la liberté scolaire serait assurée par l'Italie aux Slovènes et
Croates des nouvelles régions italiennes et par la Serbie aux noyaux italiens de
la Dalmatie; *c)* la Serbie s'engagerait à ne pas construire d'arsenal dans
l'Adriatique, de ne pas y créer de flotte militaire; l'Italie s'engagerait à ne pas
dépasser avec sa flotte le canal d'Otrante; *d)* Trieste, Fiume et même toute
l'Istrie constitueraient une zone douanière libre.

[1] Voir entre autres Gellio Cassi, *Il mare Adriatico*, p. 458. — Cf. Jeanès,
Le Trentin (*Temps*, 13 février, 14 mars 1915).

ainsi : « Je laisse à apprécier la générosité autrichienne nous faisant cadeau des terres albanaises et promettant, pour parachever, quelques îles dalmates et Gorizia qui, par parenthèse, devrait être comprise dans le territoire de l'Isonzo qui la côtoie. Je ne m'arrêterai pas à montrer ce que signifie la concession de l'autonomie à Trieste, étant donné que l'Autriche la considère déjà comme une ville autonome; ni ce qu'on entend par « port franc », car il y a eu dans l'histoire de Trieste bien des variétés de « ports francs »; et je veux encore moins prendre au sérieux la farce de l'Université italienne à Trieste. Je sais qu'à Trieste le peuple, tout le peuple demande quelque chose de plus que les bénéfices purement économiques qui dériveraient d'un « port franc » absolu; quelque chose de plus qu'une autonomie qui n'a jamais empêché le Gouvernement de traiter Trieste comme terre de conquête; quelque chose de plus qu'une demi-douzaine de conseillers lieutenants impériaux et royaux travestis en professeurs d'Université, comme on a essayé de faire à Innsbruck, qui offrent à la jeunesse italienne des exégèses des codes autrichiens et de kultur germanique. Le peuple de Trieste veut sa liberté complète; il veut être délivré du joug des Habsbourg; il veut, avec toute la Vénétie julienne, être annexé à sa mère l'Italie [1]. »

Les avantages offerts par M. de Bülow n'étaient pas seulement d'une étendue insuffisante. On les jugeait encore sans lendemain, périlleux et humiliants. De toute évidence, les Empires centraux ne s'y résolvaient qu'avec l'arrière-pensée de guetter des circonstances favorables pour reprendre leur proie! Au jour de ce nouveau danger, l'Italie oserait-elle invoquer l'appui de la Triple-Entente dont elle aurait, en 1914-1915, refusé d'entendre l'appel? Elle risquerait de se trouver seule et

---

[1] Nous citons l'article de C. Battisti d'après la traduction qu'en a donnée M. Julien Luchaire dans *Voix italiennes sur la guerre de 1914-1915*, Paris, Berger-Levrault, 1915.

d'être écrasée [1]. D'ailleurs, les Austro-Allemands, fussent-ils même sincères, ne donneraient à leur promesse une efficacité durable qu'en cas de victoire. Si la fortune favorisait l'autre groupement, celui-ci ne manquerait pas d'annuler les accords conclus entre Berlin, Vienne et Rome [2].

L'Italie ne pourrait même pas se réconforter alors au souvenir apaisant du devoir accompli : elle aurait accepté de recevoir Trente sans coup férir, mais au prix d'un déshonneur : le renoncement à Trieste. Cette solution, les Trentins eux-mêmes la répudiaient par patriotisme, eux dont le rêve le plus cher était pourtant que leur territoire fît au plus tôt retour à Rome, leur mère. « Ils se sentent si profondément Italiens, écrivait leur député Cesare Battisti, que, d'une façon absolue, ils ne veulent pas séparer leur cause de celle de Trieste, ni abaisser la dignité de l'Italie par un ignoble marché, ni compromettre pour l'avenir la sécurité et la paix de l'Europe. Ils veulent la guerre aujourd'hui pour délivrer tous les Italiens non rachetés (*irredenti*) et pour défendre le droit et la civilisation ; ils refusent aujourd'hui une offre misérable pour que la patrie n'ait pas à subir demain les offres des vainqueurs et le mépris des vaincus. En soixante années de luttes contre le Gouvernement autrichien, Trente et Trieste, qui avaient en face d'elles des ennemis nationaux différents (Allemands et Slaves), qui vivaient dans des conditions économiques diverses et n'aspiraient pas aux mêmes fins, ont toujours procédé ensemble, avec un grand esprit de sacrifice et de fraternité. Quand le Gouvernement de Vienne, pour briser l'accord des *irredenti*, voulut créer l'Université italienne à Trente ou dans une autre petite ville, au lieu de Trieste, on se plaça

---

[1] Sur l'impossibilité de rien obtenir de substantiel auprès de l'Autriche, sauf par les armes, cf. Ignazio Bresina, *Il Friuli irredento*, p. 23 ; Mario Alberti, *Trieste*, p. 35 ; Borgese, *Italia e Germania*, p. 244 ; *Corriere della Sera*, 8 avril 1915, p. 2 ; 14 avril, p. 4 ; 24 avril, p. 2 ; 12 mai, p. 1 ; *Lavoro* de Gênes, 3 et 8 février 1915 ; *Temps*, 27 mars, *Ce que veut l'Italie, ce que ne veut pas l'Autriche*.

[2] Voir l'article de Leonida Bissolati, dans le *Secolo*, 13 mai 1915.

au-dessus des intérêts de région ou de clocher, on répondit d'une seule voix : ou Trieste, ou rien! Aujourd'hui, au nom de Trente, je renouvelle ce pacte de concorde avec Trieste et je crie : Que Trente reste esclave, mais que notre mère l'Italie ne commette pas de lâcheté! » (*Secolo,* 13 mai 1915.)

En somme, aux yeux des *interventisti,* on avait à choisir entre deux alternatives : ou bien renoncer à finir l'œuvre du risorgimento et à libérer du joug autrichien les provinces *irredente,* ou bien se ranger aux côtés de la Triple-Entente. Quelles raisons pouvaient conseiller à l'Italie de ne pas changer son système d'alliance? L'obligation morale de rester fidèle à la parole jurée, le souvenir aussi des bienfaits reçus des Empires centraux? Les vieilles rancunes contre la France, la crainte d'accroître les forces de cette puissance et celles de la Russie, d'augmenter par suite les périls français, russe, anglais ? La quasi-certitude que la victoire était dès maintenant assurée aux Austro-Allemands? Telle est la triple objection qui se posait aux *interventisti.* Nous allons voir comment ils y paraient.

2. — Le procès de la Triplice.

« Oubliez-vous, disaient certains *neutralisti,* que nous avons renouvelé en 1912, avec l'Autriche et l'Allemagne, un traité qui nous lie à elles jusqu'en 1919? — Sans doute, répondait-on, et même, lorsque le conflit a éclaté, certains d'entre nous ont de suite déclaré qu'il fallait respecter *le lien d'honneur* à tout prix, s'il en existait un. Mais l'affirmation de notre neutralité, le fait même qu'elle n'ait pas soulevé de protestations théoriques dans le camp austro-allemand nous ont démontré que *le lien d'honneur n'existait pas* [1].

« D'ailleurs, de quel droit ces puissances invoqueraient-elles

---

[1] Déclarations du député nationaliste Federzoni au *Petit Journal.* Voir une défense de l'Autriche dans *Nuova Antologia,* 1915, vol. 175, p. 647.

les traités, elles qui ont tenu envers la Belgique l'odieuse conduite que l'on sait? Après cette déloyale brutalité, notre Gouvernement aurait eu le devoir de dénoncer sans délai tout accord avec ses alliés. On ne reste pas en relations d'affaires avec des hommes pour qui les accords signés ne sont que simples chiffons de papier. » La *Gazette de Francfort* osait écrire : « L'Italie, nous l'espérons, prendra l'attitude que lui conseillent son honneur et son intérêt. » Des Allemands parlaient d'honneur! O ironie plaisante et cruelle ! Ils ne trouveraient personne au monde pour les écouter, le jour où ils voudraient accuser l'Italie de trahison. « De notre honneur, c'est nous qui sommes les meilleurs juges; tous les étrangers peuvent en être aussi des juges acceptables, tous, sauf le Gouvernement qui a violé la neutralité belge [1]. »

« Mais, ajoutait-on, il y a mieux. Pour libérer notre conscience de tout scrupule, rappelons-nous que notre traité d'alliance ne nous a pas empêchés, il y a trois ans, d'être en guerre avec la Turquie. Nous aurions donc le droit de recommencer et de venir ainsi en aide à la Triple-Entente. De plus, n'oublions pas que l'Autriche s'était engagée envers nous à ne provoquer aucun changement dans la péninsule balkanique sans un accord préalable avec nous. Or, en juillet 1914, l'ultimatum à la Serbie était une menace contre l'indépendance nationale de ce pays. Pourtant on l'avait lancé sans avertir l'Italie [2]. »

D'autres *interventisti* se bornaient à dire : « Devons-nous prendre les intérêts de l'Autriche ou les nôtres ? Le seul point à débattre est le suivant : y a-t-il plus d'avantages à rester aux côtés de cette puissance ou à nous éloigner d'elle [3]? »

---

[1] *Id.*, et, en outre, Salvemini, *Guerra o neutralità*, p. 27 ; *Corriere della Sera*, 10 mai 1915.

[2] Les mêmes références qu'à la note précédente. De plus, G. Ferrero, *Le origini della guerra presente*, Milano, Ravà, 1915.

[3] Il motivo più frequentemente addotto, quello della fedeltà all' alleanza, è anche il più stolto. In generale si perde tempo a confutarlo, o dimostrando che è stata l'Austria a tradir noi anzi che viceversa, ovvero che la brutale perfidia

On était d'autant plus fondé à rompre ce pacte maudit qu'il pouvait s'appeler un marché de dupes. « On voit bien, disait-on, l'avantage qu'en ont tiré l'Allemagne et l'Autriche-Hongrie. A la première il garantissait l'intégrité de son territoire sur le Rhin, à la deuxième la possession de lieux qui, légitimement, devraient dépendre non de Vienne, mais de Rome. Tandis que l'Italie travaillait de ses propres mains à fortifier son éternelle ennemie dans les Balkans et l'Adriatique orientale, que recevait-elle pour prix de son aide complaisante? L'assurance que les Empires centraux s'opposeraient à toute tentative de disloquer l'unité nationale cimentée par le risorgimento. Or cette unité, aucun peuple étranger ne songeait à y porter atteinte. Mais ce qui tenait alors le plus à cœur à l'Italie, à savoir la promesse qu'on la soutiendrait contre la France dans la Méditerranée : voilà ce qu'elle ne parvint pas à obtenir de ses nouvelles alliées. Attachée au char austro-allemand, elle recueillit avanie sur avanie ; jamais François-Joseph ne voulut visiter le roi d'Italie à Rome : ce qui eût été reconnaître que la ville éternelle est bien définitivement la capitale du royaume. En outre, dans les provinces *irredente,* on interdisait et on condamnait toute démonstration favorable à l'Italie; les habitants soupçonnés de rester fidèles au souvenir de leur vraie patrie furent toujours l'objet de tracasseries et de vengeances. Par contre, on favorisait les Allemands, il va sans dire, mais aussi les Slaves, leur culte, leur langue. Par exemple, à la fin de l'année scolaire 1912-1913, on comptait dans la Vénétie julienne dix-neuf écoles dites moyennes, à savoir dix italiennes, six

---

tedesca non può diventare maestra di fedeltà. Bisogna invece domandare a costoro : credete che l'Italia debba stare con l'Austria per i suoi interessi e per la sua ragion di vivere? Dimostratemelo, e lasciate stare i trattati, che d'altronde non conoscete : non servono i motivi superflui. Ovvero credete che l'Italia debba andar contro ai suoi interessi e alla sua ragion di vivere per rispettare i trattati? debba cioè essere fedele all' Austria e tradire sè stessa? è questo che volete dire? Ma ditelo chiaro (G. A. Borgese, *Guerra di redenzione*, p. 29, n. 1).

allemandes, trois slaves : les neuf dernières entretenues par l'Etat, contrairement à presque toutes les italiennes [1].

Pour compenser de si cruels et si fréquents déboires, l'Allemagne avait-elle du moins réalisé le relèvement économique de l'Italie? Non, à cet égard l'Italie n'avait rien gagné non plus à rompre avec la France pour s'allier aux Empires centraux : « On peut, disait-on dans la *Finanza italiana* [2], évaluer à 660 millions de lires la moyenne des échanges entre l'Italie et la France de 1881 à 1887, dont 307 pour l'importation en Italie et 353 pour l'exportation en France. Nos traités avec nos alliés datent de 1891. En 1898, le commerce général de notre pays avec l'Allemagne et l'Autriche atteignait à peine 612 millions. Il était donc inférieur à nos transactions avec la France durant la période précédemment envisagée. Mais il y a mieux. En 1901, le total de nos exportations chez nos alliés n'était que de 332 millions, c'est-à-dire que nos articles étaient moins répandus sur leurs marchés qu'en France avant la rupture. Au point de vue financier, notre situation a été encore plus désavantageuse. De 1881 à 1887, nous avions trouvé dans la haute banque française une aide efficace, constante. Quel ne fut pas notre embarras lorsque le capital français vint à nous manquer! Nous ne trouvâmes alors aucune assistance de la part de nos alliés, pas même de l'Allemagne, en dépit de sa puissance économique. En 1894-1895, exercice pendant lequel l'affidavit fut appliqué, la France conservait encore 866 millions de notre rente (sur 2.833 millions qu'elle détenait en 1887-1888, date où elle en avait vendu environ 2 milliards), tandis que l'Allemagne n'en détenait que

---

[1] Sur ces désillusions apportées à l'Italie par la Triplice. cf. Borgese, *Italia e Germania*, p. 220; Mario Alberti, *Adriatico e Mediterraneo*, p. 1 et suiv.; Salvemini. *Guerra o neutralità*, p. 9-10, 31-32; Pietro Silva. *Come si formò la Triplice* (Ravà, Milano, 1915), p. 32 et suiv. — Voir aussi *Diario triestino 1815-1915. Cent' anni di lotta nazionale*, Ravà, Milano, 1915; G. d'Annunzio, *La très amère Adriatique* (*Petite Gironde*, avril 1915); Giulio Caprin, *L'ora di Trieste*. Cf. l'article de G.-A. di Cesarò, *Nuov. Antol.*, 1915, vol. 175, p. 455.

[2] Nous avons sous les yeux la traduction française de la *Revue d'Italie*, janvier 1915, p. 138. L'article est de M. Fontana-Russo.

754 millions. Il n'est donc pas exagéré de dire qu'au moment où notre lutte avec la France était le plus acharnée, la République avait plus de confiance en nous que l'Allemagne. »

Les avantages résultant jusqu'ici du pacte signé avec les Empires centraux ne pouvaient donc conseiller à l'Italie de leur rester fidèle. Allait-elle s'y résigner par haine ou crainte de la France?

3. — Les rancunes contre la France.

Sur les terres prétendues italiennes que détiendrait la France et qui, elles aussi, devraient faire retour au jeune royaume, le langage des partisans de l'intervention n'était pas unanime. Quelques-uns ne cachaient pas qu'ils n'abandonnaient rien de ce qu'ils proclamaient un droit imprescriptible[1]. S'ils se dressaient contre l'Autriche et non contre la France, ils justifiaient leur conduite par deux raisons : la frontière de l'Italie se trouvait infiniment plus précaire et vulnérable à l'Est qu'à l'Ouest; les circonstances présentes apparaissaient plus opportunes pour conquérir le Trentin et la Dalmatie qu'une fraction du territoire de la République.

Mais ces Italiens représentaient une minorité. La plupart des *interventisti* se gardaient de courir le pays des chimères, car ils connaissaient bien l'histoire ancienne ou les sentiments actuels de la Savoie, de la Corse, du comté de Nice. Aussi est-ce la Tunisie seule qui les inquiétait. Encore en parlaient-ils sans amertume excessive contre nous, mais avec la louable préoccu-

---

[1] Voir Scipio Slataper, *I confini necessari all' Italia*, a cura de *l'ora presente*, Torino, mai 1915 (se vend chez Hoepli, à Milan). L'auteur, partisan de l'intervention, écrit, p. 9 : « Anche, come dicemmo, le frontiere occidentale e centrale sono arbitrarie e quasi tutte a nostro danno, benchè incomparabilmente migliori di quella del settore orientale. Corsica, Nizzardo, Malta, Canton Ticino sono terre italiane, e noi non vogliamo dimenticarle neanche ora che l'opportunità del momento politico ci dà il modo di risolvere con una buona guerra la questione tridentina e adriatica. »

pation d'unir et non pas d'opposer sur les bords africains la France et l'Italie. Les passages qu'on va lire semblent exprimer une manière de penser très répandue parmi ceux qui, dans la Péninsule, finirent par gagner leur pays à la cause de la Triple-Entente.

Depuis le début de la guerre, *l'Unità* de Florence poursuivait une vigoureuse campagne pour amener ce résultat. Le 19 février, on lisait dans ce journal : « Sur le continent, Français et Italiens ne se gênent pas les uns les autres. Nos confins de ce côté sont tout à fait d'accord avec les réalités géographiques et ethnographiques. Si, dans le cours de l'histoire, ces frontières ont été débordées, c'est plutôt nous, Italiens, qui les avons franchies en dernier lieu, mais notre pénétration n'a pas laissé de trace sensible. Nos nationalistes sont fous quand ils parlent de Nice et de la Savoie. La Savoie est redevenue française..., elle l'avait toujours été; quant à Nice, absolument rien ne permet aujourd'hui de la distinguer des autres villes du Midi de la France. Le cas de la Corse est un peu différent, en ce sens que cette île, sans aucun doute, appartient, au point de vue géographique et ethnique, à l'Italie. Mazzini a pu rappeler que, dans ses jeunes années, le sentiment italien existait là, mais il ne se dissimulait pas que les dernières étincelles en étaient déjà éteintes quelques années après. Il suffit d'aller en Corse aujourd'hui pour confirmer cette impression. A l'heure actuelle, une seule question aiguë est pendante entre la France et l'Italie : celle de la Tunisie. Sur la côte septentrionale de l'Afrique, s'il n'y a point de péril à proprement parler, il existe un déséquilibre assez désagréable pour nous, quoique fort explicable. Une colonie où la population européenne est en grande majorité italienne, mais où inversement le capital français domine, se trouve la propriété exclusive de la France. Des publicistes italiens ont étudié récemment des moyens de tout concilier. Il s'agit, en somme, d'établir l'égalité morale et matérielle des Italiens avec les Français qui sont la minorité; outre les écoles que nous devons avoir en proportion de nos besoins, nous avons

droit à l'usage officiel de la langue italienne dans les centres
où nous sommes en majorité. Nous avons droit à la plénitude
de nos droits administratifs et politiques, sans perdre la qualité
de citoyens italiens; nous avons droit à une représentation pro-
portionnelle dans les conseils de la Régence [1]. »

Un mois plus tard, le 22 janvier, dans la même *Unità* de Florence, un autre publiciste, M. Pietro Silva, tenait sur le problème
tunisien un langage analogue. Ailleurs, il a rappelé que la
France, quand elle mit la main sur la Régence, obéissait non
pas à des sentiments hostiles envers les Italiens, mais à l'impé-
rieux besoin de confirmer et de garantir ses conquêtes algé-
riennes [2].

En février 1915, dans une intéressante brochure intitulée
Come si formò la Triplice, on s'en prenait à un député qui avait
dit à Rome : « On fait tant de bruit autour des *irredenti* de
Trieste, mais on oublie les *irredenti* de Tunis. Ils sont aussi bien
Italiens les uns que les autres. » « Vous commettez, répondait-
on, un attentat contre la conception exacte de l'unité nationale.
Ou bien alors, il faudrait, en ce moment, revendiquer aussi
l'annexion de l'Argentine, du Brésil, des Etats-Unis, de tous les
pays en somme fertilisés par l'afflux de la main-d'œuvre italienne. » L'auteur ajoutait : « L'Angleterre, le plus grand Etat
colonial des temps modernes, ne supporterait pas que le moin-

---

[1] L'article est de M. Eugenio Vaina. Nous avons sous les yeux la traduction
française donnée par la Revue d'Italie, mars 1915, p. 416. De même pour l'article de Pietro Silva, cf. id., p. 417.

De ces déclarations, on peut rapprocher la suivante. Après avoir avancé que
la frontière italienne peut sembler artificielle près de Vintimille et aux environs
du Tessin, M. Carlo Errera (*Il confine fra Italia e Austria,* Ravà, Milano,
1915, p. 8) écrit : « Ma finchè i Nizzardi da un lato e gli abitanti del Canton
Ticino dall' altro consentono come uomini liberi ad esser parte viva e operante
dello stato francese e dello stato svizzero invece che del nostro, e finchè questo
loro consenso è senza alcuna minaccia per la nostra vita di nazione, nessuna
rivolta degli animi può sorger fra noi perchè il confine politico ci sottragga in
codeste parti dei tratti abbastanza considerevoli del territorio italiano. »

[2] Voir (dans la collection des *Problemi italiani*) *Come si formò la Triplice,*
par Mario Alberti, p. 19.

dre espace des îles britanniques fût occupé par l'étranger; en revanche, elle ne se soucie pas d'annexer, par exemple, le Japon sous prétexte qu'il y a là d'assez importantes colonies d'Anglais; elle ne pense même pas à réoccuper les Etats-Unis qui cependant parlent anglais [1]. »

L'historien G. Salvemini, professeur à l'Université de Pise, ne désavouerait pas ce langage, si on en juge par sa très importante brochure *Guerra o neutralità* [2]? Non seulement, dit-il, l'Italie n'a que faire de colonies, mais il y aurait pour elle un vrai dommage à en posséder. Comment jugerait-on un père de famille qui, assez riche en terres, d'ailleurs mal cultivées, ne consacrerait pas la totalité de ses ressources financières, pourtant fort restreintes, à rendre plus fertile le sol hérité des ancêtres, mais achèterait de nouvelles terres encore moins productives que les anciennes? L'Italie, dont plusieurs provinces sont encore en proie aux conditions économiques les plus précaires, n'a rien gagné à conquérir l'Erytrée et la Lybie; elle y a gaspillé des capitaux dont l'emploi judicieux eût fertilisé tant de malheureuses campagnes dans la Péninsule. Dira-t-on qu'il serait avantageux pour elle de se rendre maîtresse de régions africaines où elle pourrait déverser et fixer le trop plein de sa population, alors qu'aujourd'hui elle éparpille à travers le monde des millions d'émigrants, forces à jamais perdues pour la patrie, car la plupart la changent contre une autre? M. Salvemini répond que l'Italie doit s'efforcer de maintenir cette foule de citoyens sur un sol voisin de la Péninsule et où, par suite, le Gouvernement royal la protégerait et la tiendrait sous son influence. Mais, pour les motifs exposés plus haut, il vaut mieux qu'un tel sol appartienne à la France ou à l'Angleterre et non à l'Italie... Entre les trois pays pourrait intervenir un accord. L'Italie dirait aux deux autres : « Ce que j'ai vous manque. Ce que vous pos-

---

[1] M. Alberti, *Trieste.* p. 5, dans la collection des *Problemi attuali*, a cura de *l'ora presente*, Torino, 15 février 1915.

[2] Ravà e C., Milano, 1915, 4ᵉ éd. Je résume les pages 22 et suiv.

sédez me fait défaut. Mettons loyalement nos ressources en
commun et collaborons. Vous possédez tout près de chez moi
de vastes territoires; vos capitaux sont immenses. Moi, je n'ai
pas de terres coloniales et je n'en veux pas; je n'ai pas non plus
de l'or en abondance, mais des bras; je vous les offre. Je renonce à faire valoir aucune prétention de propriétaire sur la
Tunisie ou toute autre terre africaine relevant à l'heure actuelle
de vous; je n'y tenterai aucune ingérence militaire ou politique.
Mais à une condition : mes nationaux, établis dans vos colonies, y trouveront des écoles italiennes où élever leurs fils; bien
que vivant chez vous, ils ne seront aucunement sollicités de
changer de patrie; ils ne devront pas trouver un avantage matériel à se faire naturaliser Français. »

4. — Le péril français.

A propos du péril français invoqué par les *neutralisti,* gar-
dons-nous d'une illusion. Il n'était pas nié par tous les Italiens
qui souhaitaient l'entrée en scène de leur pays à nos côtés. Les
uns affirmaient qu'il ne faut pas voir dans ce danger une chi-
mère enfantée par des imaginations malades. La France, d'après
eux, nourrirait contre l'Italie une jalousie incurable ou qui, du
moins, ne peut disparaître qu'en deux cas : si notre sœur latine
accepte dans la Méditerranée un rôle effacé d'humble vassale,
ou bien si elle trouve moyen de se rendre redoutable à nous. Ce
n'est pas malgré le péril français, mais à cause de ce péril que,
par un paradoxe apparent, on invitait l'Italie à se rapprocher
de la Triple-Entente [1]. « Supposons, disait-on, que l'Italie reste
neutre. Qu'arrivera-t-il quand la paix sera signée entre les deux
groupes de coalisés? Dans la Péninsule éclatera une révolution;
les partis d'extrême gauche la fomenteront à la faveur d'un
mécontentement assez naturel en un pays qui verra d'autres

---

[1] Borgese, *Guerra di redenzione,* p. 21 et suiv.

peuples acquérir un surcroît de puissance, alors que lui-même
aura négligé une occasion favorable pour s'agrandir. La France
et l'Autriche, réconciliées par une haine et un intérêt communs,
profiteront des discordes intestines de l'Italie et lui feront ensemble la guerre. En effet, la France a eu l'habitude jadis de
moissonner la gloire sans aide; ses instincts dominateurs, ravi-
vés par la défaite de l'Allemagne, ne seront qu'à moitié satis-
faits : elle n'aura cette fois obtenu qu'une demi-victoire, puisque
les lauriers de la guerre actuelle devront revenir pour une part à
l'Angleterre et à la Russie. La France éprouvera donc « comme
un besoin physiologique » de faire à nouveau l'essai de ses
forces. Contre qui? On n'a pas besoin de le demander. Et l'Autriche ? D'une Autriche victorieuse il est facile d'imaginer les
sentiments hostiles envers l'Italie. Mais une Autriche vaincue
et sauvée grâce aux amitiés que, tout compte fait, elle a auprès
de la France et de l'Angleterre [1]; une Autriche amputée de
quelque membre, — de la Galicie, de la Bosnie-Erzégovine, —
une Autriche avec encore quarante millions d'habitants, avec
une tradition militaire à reconstituer, avec une autorité intérieure à consolider, contre qui fera-t-elle la guerre, sinon contre
l'Italie? Une fois la situation actuelle éliminée, la haine de
l'Autriche et la jalousie de la France contre l'Italie pourraient
finalement s'accorder dans un commun désir d'humilier l'Italie. » Et l'on concluait que pour conjurer ce péril, une seule voie
restait ouverte à l'Italie : se faire l'alliée de la France au prix
de garanties qui, dans l'avenir, rendraient notre patrie moins
puissante par rapport à sa sœur latine et plus intéressée aussi à
la ménager.

---

[1] On trouve encore la crainte de cette entente future de la France et de
l'Autriche contre l'Italie sous la plume d'un autre *interventista*, Mario Alberti,
Adriatico e Mediterraneo, Ravà, Milano, 3ᵉ éd., 27 février 1915, p. 10. « Chi
può mai escludere che, cessata la guerra, l'Austria non concluda speciali ac-
cordi Mediterranei colla Francia, ai quali anelavano, prima del conflitto europeo, i giornali viennesi più autorevoli (il *Neues Wiener Tageblatt*, il *Neue Freie
Presse*, ecc.), e sui quali si espressero non sfavorevolmente anche uomini politici francesi, affermanti non sussistere reali contrasti d'interesse fra la Francia
e l'Austria-Ungheria. »

Le raisonnement que nous venons de reproduire paraîtra décevant à tous les Français qui le connaîtront. Avoir, avec tant de patience, pris soin de ne pas envenimer les querelles incessantes provoquées par l'avide Allemagne; avoir pratiqué le pacifisme au point de passer parfois pour imprévoyant, sinon même aveugle; avoir subi l'assaut d'un ennemi qui, durant quarante-quatre ans, prépara son acte de brigandage, alors que soi-même, pour forger l'instrument de la victoire, on a dû mettre à profit le répit créé par la victoire de la Marne; avoir sacrifié ses meilleurs fils et ses plus riches trésors pour préparer, non seulement à soi-même, mais à l'Europe une longue paix réparatrice : être, en un mot, la France de 1914, et se voir attribuer, pour demain, des projets d'agression contre un pays avec lequel on partage la passion du juste et du beau! Où donc ont-ils appris à nous juger, ou plutôt à nous condamner, ceux qui se méprennent à ce point sur nos vrais sentiments? Mais leur erreur ne saurait nous décourager; elle prouve seulement que nous devons travailler sans relâche à mieux faire connaître notre pays à l'étranger. Les Allemands, et peut-être d'autres avec eux, avaient faussé l'opinion de nos voisins. A l'œuvre, avec un courage opiniâtre!

D'ailleurs, voici qui doit nous rendre indulgents pour une partie des Italiens que nous venons d'entendre raisonner : après tout, leur argumentation les conduisait, nous l'avons dit, à vouloir rapprocher leur pays du nôtre.

A ces collaborateurs qui venaient vers nous avec de tels préjugés, la meilleure réponse qu'on pût faire se trouvait dans des ouvrages ou des journaux italiens. L'avis de M. Guglielmo Ferrero est des plus dignes d'attention, car cet historien parle de la France non par ouï-dire, mais en homme qui la connaît pour l'avoir vue à l'œuvre. Ce n'est pas lui qui nous prêterait de belliqueuses et sanguinaires fureurs, non plus que des haines fratricides, des jalousies mesquines, un insatiable besoin d'exercer des maîtrises et des dominations. « La France, écrivait-il dans le *Secolo,* combattra jusqu'à sa dernière goutte de sang, avec une fermeté héroïque : que personne n'en doute. La France jouira frénétiquement de la victoire, le jour où elle l'aura arrachée au prix d'un sang infini. Mais la France ne considérera jamais cette guerre que comme une folie gigantesque qu'on l'a forcée à subir. Il faut vivre à Paris pour sentir combien la guerre des peuples répugne et paraît presque incompréhensible à l'esprit français... Après la guerre, nous pouvons espérer beaucoup de la France si elle regagne sa confiance en elle-même et une partie de l'autorité que des erreurs, des malheurs et les événements avaient un peu diminuées en ces dernières années. Et si cela arrivait, quel profit n'en retirerions-nous pas aussi (nous autres Italiens)[1] ! » Grâce à la victoire de la France et de l'Angleterre, dit une autre fois M. Ferrero, « nous aurons enfin une Europe dans laquelle tout le monde pourra vivre, une Europe établie sur une paix solide et sincère, sur un respect raisonné de chaque peuple pour les autres, sur un sentiment généreux du droit, de l'équité et de la justice[2]. »

Le même esprit équitable animait les publicistes qui, dans *l'Unità* de Florence, faisaient les déclarations suivantes : « La domination navale de la Méditerranée n'est qu'un de ces faux problèmes que s'amusent à soulever les dilettanti d'histoire. A côté de la flotte française, il y a déjà la nôtre, il y a l'anglaise, la russe y sera bientôt, la grecque se construit. Donc aucun péril français de ce côté[3]... Le péril français, tel est l'argument préféré de la propagande neutraliste : si la France est victorieuse, elle deviendra, dit-on, trop forte, et cela à nos dépens, car la force de la France sera fatalement dirigée contre nous. Par suite, favoriser même indirectement la victoire de la France signifierait creuser notre tombe de nos propres mains. — Mais quand on demande à ceux qui agitent ainsi l'épouvantail fran-

---

[1] Nous avons sous les yeux la traduction donnée par M. Julien Luchaire dans *Voix italiennes sur la guerre de 1914-1915*.

[2] *Petit Parisien*, 25 novembre 1914.

[3] L'article est de M. Vaina, numéro du 19 février 1915. Ce qui suit est de M. P. Silva, numéro du 22 janvier.

çais, sur quoi est fondée leur façon de penser, on obtient rarement une réponse concluante et sensée. Beaucoup se contentent d'une affirmation générale, lancée comme un axiome de portée universelle et qu'il ne vaut pas la peine de discuter. Ceux qui sont le mieux informés citent le *Manouba* et le *Carthage*, les discours de Painlevé et de Poincaré. Mais personne ne s'attarde à rechercher quelle part de provocation et de responsabilité a eue le Gouvernement italien dans les incidents du *Manouba* et du *Carthage*, quelles circonstances intrinsèques ont justifié, au moins en partie, le sursaut de l'opinion française contre ces incidents qui apparurent comme les indices d'une politique à la Crispi... Si la France sort victorieuse de cette guerre, la victoire aura coûté de tels trésors de sang et d'énergie que la nation aura besoin d'une longue période de recueillement pour se remettre à flot. La manière dont la France a été entraînée à cette guerre contribue à démontrer qu'il n'y a pas de danger qu'elle puisse suivre une politique agressive en général, et plus particulièrement contre nous, même après la victoire. »

Entre ces deux catégories d'*interventisti*, dont l'une se promettait d'observer toujours envers nous une prudente défensive, tandis que l'autre ne nous ménageait pas sa plus pure confiance, il faut placer une troisième catégorie. Elle comprenait des hommes qui croyaient possible une entente durable entre la France et l'Italie, non pas que, suivant eux, il fallût compter sur notre amour de la justice ou sur notre sincère amitié, mais sur notre compréhension de l'intérêt bien entendu. « Nul doute, disaient-ils, que la France dans l'avenir ne ménage l'Italie, car elle redoutera que cette dernière puissance ne mette encore une fois sa main dans la main de l'Allemagne, d'autant plus que le kaiser aura trop besoin de l'Italie pour ne pas lui consentir des concessions du plus haut prix[1]. »

---

[1] Borgese. *Guerra di redenzione*, p. 21.

5. — Le péril slave et le péril anglais.

Le péril slave effarouchait les *interventisti* encore moins que le péril français. Aucune incompatibilité foncière n'empêchait, d'après eux, de concilier les intérêts de l'Italie avec les prétentions russes et serbes. « La Russie, disaient-ils, a offert de nous rendre les prisonniers autrichiens de nationalité italienne. Elle a ainsi reconnu la légitimité de nos droits sur les terres encore dominées par François-Joseph, mais où se parle l'idiome de Dante [1]. De plus, dans l'entretien qu'il a eu avec un rédacteur du *Corriere della Sera* [2], au début de janvier 1915, le ministre russe Sazonof n'a pas contesté le bien-fondé de nos aspirations sur Trieste. En ce qui concerne Valona récemment occupée par nous, il a déclaré : « La Russie n'a rien à objecter... Nous « voyons là un acte politique auquel l'Italie était d'avance dé« terminée et dont elle est prête à affronter les conséquences. « Je ne comprends donc pas bien pourquoi le drapeau italien « flotte à côté du drapeau albanais. Pour nous, il n'existe pas « d'Etat albanais ; il est mort avant d'avoir vécu... »

« Sans doute, M. Sazonof a, ce même jour, ajouté quelques paroles qui ont inquiété plusieurs Italiens. Il a dit : « Nous vou« drions, nous autres Russes, que l'Italie laissât vivre aussi les « autres, notamment la Serbie et le Monténégro qui ont des « droits imprescriptibles. » Mais qu'a-t-il entendu par là, sinon que nous devons accorder à ces peuples les avantages compatibles avec nos intérêts généraux et surtout avec notre sûreté politique [3] ? Or, la prospérité des Serbes ne saurait, à tout prendre, nous inquiéter. Mettons les choses au pis. Supposons que toute la rive autrichienne de l'Adriatique soit absorbée par la Grande

---

[1] Giulio Cassi, *Il mare Adriatico*, p. 458.

[2] *Corriere della Sera*, 6 janvier 1915. Sur l'importance de Valona pour les Italiens, cf. dans *Revue des Deux Mondes*, 15 octobre 1913, l'article de G. L. Jaray.

[3] Cassi, ouvrage cité, p. 462-463.

Serbie. Ne vaudrait-il pas mieux pour nous voir sur ces bords un petit Etat de dix millions d'habitants encore dépourvu de marine plutôt qu'une grande puissance qui, comme l'Autriche, possède déjà une respectable flotte de guerre; d'autant plus qu'il nous est loisible d'interdire à la Serbie de s'en créer une, car nous devons profiter du moment favorable pour lui imposer nos conventions terrestres et navales. Comment douter d'ailleurs qu'une entente ne puisse subvenir entre elle et nous? Notre intérêt nous ordonne de ménager les peuples balkaniques. Jusqu'ici l'Autriche a semé la discorde entre nous : ouvrons les yeux, nous serons unis [1]. » Ainsi parlaient les *interventisti*.

Gabriele d'Annunzio lui-même qui, aussi énergiquement que personne, réclamait l'hégémonie italienne dans l'Adriatique, reconnaissait qu'elle devrait revêtir un caractère conciliant envers les Slaves.

Sans doute, il écrivait : « Nous savons pourquoi nous n'avons pas eu, jusqu'à aujourd'hui, la plénitude de notre respiration. C'est que nous n'avons respiré, c'est que nous ne respirons qu'avec un seul poumon. C'est que, pour vivre, il nous faut reconquérir notre poumon gauche tout entier. C'est que la possession de l'Adriatique nous est nécessaire comme la garde des Alpes... Tout bon Italien est aujourd'hui convaincu que non seulement notre unité corporelle, mais notre unité spirituelle — celle qui ne doit plus faiblir ni mourir — s'accomplira par le recouvrement des terres qui furent une partie de la dixième

---

[1] Cf. Cassi, *Il mare Adriatico*, p. 463. De son côté, G. Salvemini, *Guerra o neutralità*, tenait les mêmes raisonnements. De plus, page 17, il écrit : « All'Austria noi non possiamo impedire di avere una flotta, perchè essa già la possiede. Alla Serbia di domani dobbiamo impedirlo nell' interesse suo e nell' interesse nostro. E possiamo approffittare di questo momento, che non tornerà più nella storia, per escludere dall' Adriatico l'Austria che ha una flotta, e sostituirle un nuovo Stato che non ha nessuna flotta e a cui possiamo impedire di crearsela. »

Cf. C. Pettinato, *Russia, Balcani e Italia*, Ravà, Milano, 1915, 2ᵉ éd., p. 25; Cassi, *op. cit.*, p. 461; Giulio Caprin, *Trieste e l'Italia*, p. 21. En outre, le *Giornale d'Italia*, dont on connaissait les attaches ministérielles, tenait un langage sympathique aux Slaves, à propos de l'interview de Sazonof.

région italique d'Auguste et par une prédominance bien établie
sur l'Adriatique. » Mais d'Annunzio tempérait cette déclaration
par la suivante : « Il m'est facile de démontrer que l'Italie a le
moyen de concilier son intérêt national avec la liberté d'existence et l'activité commerciale des autres peuples [1]. »

Ajoutons que beaucoup d'*interventisti* approuvaient sans réserve un article publié le 23 janvier 1915, dans le *Matin,* sous le
titre *La plus grande Italie* [2]. On y lisait : « *L'équilibre en Méditerranée, l'hégémonie en Adriatique,* tel est le programme nécessaire à l'Italie d'aujourd'hui, le seul qui réponde aux besoins
de sa population et de son commerce, le seul qui apparaisse
comme le développement naturel de son histoire. L'occupation
de Valona a éveillé une certaine inquiétude en Serbie. Que. nos
vaillants amis les Serbes se rassurent! Pour établir et maintenir son hégémonie sur l'Adriatique, l'Italie ne doit laisser à
l'Autriche dans l'Ouest des Balkans aucun allié possible. Pour
triompher aujourd'hui et se garder demain contre les retours
du destin, elle a besoin du concours de la Serbie et du consentement de la Grèce. M. Sazonow, ministre des Affaires étrangères en Russie, s'étonnait, dans une récente interview, que le
drapeau albanais flottât encore à Valona à côté du drapeau italien. L'Albanie, en effet, ne représente plus aujourd'hui pour
l'Italie qu'une barrière. Quand l'Italie peut avoir pour clientes
de son industrie et de son commerce la grande Grèce et la
grande Serbie de demain, elle leur préférerait une petite Albanie
sans ressources! Quand elle peut, par une entente avec la Serbie, la Grèce, la Roumanie, le Monténégro, fermer à tout jamais
devant l'Autriche les routes de la Méditerranée et faire régner
dans les Balkans l'influence italienne, elle renoncerait à cette
sûreté et se priverait de ce rayonnement! Attendons mieux de
cet « égoïsme sacré » que célébrait si justement M. Salandra.
Tour à tour, les races que l'Autriche a molestées se lèvent contre

---

[1] *Petite Gironde,* avril 1915.
[2] Cassi, *op. cit.,* p. 463-464.

elle. S'il est une nation qui soit désignée entre toutes pour se mettre à la tête de ce grand soulèvement, n'est-ce pas cette Italie dont chaque province représente une conquête sur l'Autriche? »

Rendons maintenant la parole aux partisans de l'intervention. Ils ajoutaient : « Si nous n'avons pas intérêt à nous montrer intransigeants pour la Serbie, la Russie, de son côté, aura ses raisons pour faire preuve de bienveillance envers nous. Elle désire avoir accès dans la Méditerranée. Elle a déjà obtenu le consentement de la France et de l'Angleterre, non sans leur donner des garanties, soyons-en sûrs. Mais ces deux puissances ne sont pas seules maîtresses d'une mer qui baigne des côtes italiennes. L'Italie a le droit de poser ses conditions à l'Empire des tzars. Et que peut-elle demander avant tout, sinon l'amélioration de son sort dans l'Adriatique et la conclusion, entre elle et la Russie, d'accords commerciaux qui devraient se réaliser à travers les Balkans [1]? »

Ce n'est pas seulement la Russie en elle-même que certains *neutralisti* affectaient de redouter, mais encore plus la Russie considérée comme inspiratrice et mère des Slaves du Sud. Cette peur, d'après M. G. Salvemini, ne serait en aucune façon justifiée [2]. « On n'a pas besoin, disait-il, d'une profonde science géographique et historique pour comprendre que le panslavisme est un épouvantail aussi sérieux que serait le panlatinisme. Les Slaves du Midi sont totalement séparés de la Russie, grâce à une solide barrière de populations allemandes, magyares et roumaines, qui va des Alpes orientales à la mer Noire; et on ne voit pas de quelle façon la Russie pourrait détruire ou soumettre cette masse de peuples pour arriver tout simplement à l'Adriatique, sans que l'Europe entière s'unît et empêchât une telle monstruosité. Si l'on suppose que l'hégémonie russe doive s'exercer sur l'Adriatique grâce non pas à

---

[1] *Cassi*, p. 465 et suiv., *op. cit.*
[2] *Guerra o neutralità*, p. 17.

une domination directe, mais à un permanent vasselage de la Serbie envers la politique russe, c'est encore là une vaine peur. La Serbie, comme la Roumanie, comme la Bulgarie, comme la Grèce, a fait dans le passé et continuera à faire dans l'avenir la politique de ses intérêts et non la politique de la Russie. Ni plus ni moins que l'Italie ne fait et ne fera celle de la France, pays à l'aide duquel nous aussi nous devons d'avoir acquis l'indépendance nationale. »

Un autre partisan de l'intervention allait encore plus loin que M. Salvemini, car il écrivait : « Non seulement les Slaves du Sud ne se laisseront pas organiser par la Russie, pour faire échec à l'Italie, mais c'est au contraire l'Italie qui, après la paix, appuiera la résistance de ces peuples contre la Russie devenue puissante même en Méditerranée, de même qu'à l'heure actuelle, l'Italie a pour rôle de les arracher au joug allemand. La communauté de danger doit, demain comme aujourd'hui, unir ces peuples à l'Italie [1]. »

Du péril anglais, on s'occupait bien moins parmi les *interventisti* que du péril français ou russe. Il n'en pouvait être autrement, puisque dans le camp opposé on jouait beaucoup moins de ce troisième épouvantail que des deux autres. On saisit pourquoi : l'hégémonie anglaise sur mer est déjà si accentuée que ses progrès, au lendemain d'une victoire, ne modifieraient guère la puissance relative de la flotte italienne. D'autre part, la Grande-Bretagne ne semble pas aspirer à conquérir en Europe des territoires nouveaux. Enfin jamais elle n'a causé à l'Italie quelque important dommage dont le souvenir pourrait inspirer à la Péninsule des craintes pour l'avenir [2].

---

[1] C. Pettinato, *Russia, Balcani e Italia*, 2ª ediz., p. 25, Ravà e C., Milano, 15 mars 1915 : « Non abbiamo mai compreso come Italiani e Slavi avessero prima di ogni ragione di ostilità un grande interesse comune : quello della lotta contro l'Austria. Domani ne avranno anche un altro : quello della resistenza alla Russia. »

[2] Voir Borgese, *Guerra di redenzione*, p. 25.

6. — Arguments et mobiles d'ordre moral et sentimental.

Qu'une bonne partie des Italiens ne crût pas au triple péril français, russe, anglais, ou, du moins, ne le jugeât pas de nature à empêcher l'intervention de leur pays à nos côtés : c'était déjà pour nous un avantage appréciable. Mais pour vivifier en quelque sorte ce principe d'action, pour le rendre effectif et fructueux, nous devions souhaiter que notre sœur latine se sentît attirée vers nous et nos alliés par une ardente sympathie. On constatera, si on suit jusqu'au bout notre exposé, qu'un tel sentiment, beaucoup de cœurs italiens l'éprouvèrent pour la France et l'Angleterre. Quant à la Belgique, nous avons déjà expliqué comment on la plaignit et on l'admira.

Certes, quand nous faisions parler les *interventisti,* nous avons cité des jugements d'un égoïsme, d'une brutalité, ou tout au moins d'une franchise si dépourvus d'artifices que leurs auteurs semblaient n'avoir de bienveillance que pour la politique des réalités. Mais parfois, ceux-là mêmes qui exprimaient de telles opinions ne visaient qu'à retenir leur pays enclin, d'après eux, à se laisser emporter par l'instinct ou la sensibilité et non pas à réfléchir. S'ils voulaient réfréner les entraînements du cœur, tous ne prétendaient pas néanmoins qu'on dût apprécier un acte seulement d'après les bénéfices qu'il apporte. Sur ce point, prêtons l'oreille à l'un des plus notables parmi les Italiens qui demandaient qu'on mûrît ses décisions et qu'on pesât ses propos. « Il faut, disait M. Borgese, nous entendre sur le sens de cette parole que nous répétons à satiété : *nous ne faisons pas de politique sentimentale.* Cela signifie : nous ne faisons pas une politique de vain sentimentalisme, d'idéologies abstraites, apprises passivement et qui n'appartiennent pas à la substance de notre esprit. A bas le sentimentalisme! mais vive le sentiment! A bas l'idéologie! mais vive l'idée!... Les nations, tout comme les individus, ne peuvent pas démentir impunément leur caractère. Abstraction faite de tous les calculs d'intérêt, aurions-nous été capables, au mois d'août 1914, de tirer l'épée pour égorger la France, la Belgique ou la Serbie? Ce que l'on fait avec une répugnance morale peut-il jamais être bon? Je crois que l'Italie de demain sera un Etat impérialiste, mais d'un impérialisme nouveau... qui ne consistera pas à italianiser de vive force les montagnards du val d'Aoste, ni à agiter une cravache menaçante autour de nous, pour le stupide plaisir de nous sentir forts [1]. »

La peur de passer pour des esprits timorés ou rétrogrades n'empêchait pas beaucoup d'*interventisti* de donner une importance prépondérante aux arguments ou aux mobiles d'ordre moral et sentimental. C'est ainsi qu'à Gênes, le 8 janvier 1915, un professeur, M. Giulio Natali, faisait applaudir par les nombreux auditeurs de l'*Università popolare* les paroles suivantes : « En Italie, la grande majorité est francophile. Eprouver ce sentiment, ce n'est pas nous abandonner à un autre peuple, ce n'est pas oublier nos intérêts réels, mais c'est — et notre peuple en a l'intuition — tout simplement défendre notre civilisation, la civilisation latine. Rome et Paris sont les patries de tous les hommes libres et intelligents [2]. »

Quatre mois plus tard, le 10 mai, on lisait dans le journal conservateur, le *Corriere della Sera :* « Le moment est mal choisi, tandis qu'errent près de la dangereuse côte d'Irlande les cadavres du *Lusitania*, foule lamentable de non-combattants, massacrés contre tout droit et sans aucune nécessité; le moment est mal choisi par l'Allemagne pour imaginer que soit possible, entre l'Italie et elle, une solidarité quelconque, même purement diplomatique. Sans compter les méthodes de cet état-major qui fait empoisonner les puits en Afrique, qui fait attaquer l'ennemi, dans les tranchées de Flandre, par cette arme déloyale, inhu-

---

[1] *Italia e Germania.*
[2] Conférence publiée dans la *Vela latina,* anno III, num. 10, sous le titre *La guerra delle nazioni e il poeta della terza Italia.*

maine et atroce des gaz asphyxiants. Ce déchaînement de fureur et de sauvagerie nous fait sentir combien nous sommes étrangers les uns aux autres. Une autre âme vit en nous; et si c'est là l'âme latine, soyons fiers de nous sentir Latins. »

De cette déclaration, on peut rapprocher le langage tenu par quelques hommes politiques italiens. Un des chefs du parti radical, M. Fera, dit à un rédacteur du *Petit Journal :* « Tous les Italiens se sont rendu compte, presque dès le début, que la lutte actuelle était vraiment la lutte de deux civilisations, de deux esprits. L'Italie ne pouvait pas combattre pour une civilisation qui était antithétique à la sienne. C'est pourquoi le sentiment populaire est, chez nous, si hostile au bloc austro-allemand. » (*Revue d'Italie,* février 1915, p. 278.)

A la Chambre, le 5 décembre, le député socialiste de Felice répudiait, au nom de la solidarité des peuples civilisés, la thèse qui voulait maintenir l'Italie dans une neutralité absolue. A son tour, le député Bissolati s'écriait : « Le peuple italien ne peut rester étranger à un conflit qui se terminera par le triomphe de l'impérialisme ou de la démocratie... Suivant la façon dont se décidera cette immense lutté, la marche du prolétariat italien pourra être retardée ou accélérée... Nous assistons au spectacle de la Serbie qui est sur le point de succomber sous le fer autrichien; de la France, qui a jadis descellé le tombeau de l'Italie et qui est assaillie traîtreusement dans ses frontières naturelles. Tout cela, il faut le dire au prolétariat quand se pose le problème de la guerre ou de la paix. »

Un peu avant M. Bissolati, son collègue, le républicain Eugenio Chiesa, avait déclaré : « Nous devons nous élever à une très haute mission, à la tutelle du droit des nationalités [1]. »

D'autres *interventisti* faisaient valoir des arguments assez étrangers à la politique. On se rappelle certaine page de M. Bar-

---

[1] *Corriere della Sera,* 6 décembre 1914, p. 2.

zini citée plus haut. Elle contient une description mélancolique des Halles d'Ypres.

M. Barzini essayait en somme d'émouvoir le sens esthétique des Italiens. Il agissait en psychologue. Ce fut aussi le cas du grand écrivain belge Maeterlinck, qui, dans une conférence à Milan, le 2 décembre, disait : « Au nom des dernières beautés que nous ont laissées les barbares, nous venons implorer la terre de toutes les beautés... Vous savez mieux que nul autre ce que sont pour un peuple les souvenirs et les chefs-d'œuvre, puisque votre patrie est couverte de chefs-d'œuvre. »

Maeterlinck disait vrai. La destruction des monuments belges et l'ardeur sacrilège des Allemands contre la cathédrale de Reims indignèrent l'Italie. La presse fut unanime à flétrir notamment ce dernier attentat. *La Tribuna,* par exemple, se demanda de quel droit pouvaient invoquer l'aide divine ceux qui dévastaient les sanctuaires les plus fameux. A quoi servait à l'Allemagne d'être la mère de Hegel, de Goethe, de Schopenhauer, puisqu'elle osait s'en prendre à l'art inviolable?

Le *Corriere d'Italia* prononça qu'il eût mieux valu pour l'Empire du kaiser subir une défaite que de se souiller d'un crime si horrible contre la civilisation.

Dans le *Giornale d'Italia,* M. Apolloni exprima sans retard l'horreur qui agitait son âme révoltée. Adjoint au maire de Rome pour les beaux-arts, il convoqua en une sorte de congrès, outre les sociétés romaines intéressées, les délégués des académies et des groupements que le bon goût fait prospérer en grand nombre dans tout le royaume. La séance eut lieu le 27 septembre, au siège de l'Association artistique internationale. C'est elle qui avait lancé l'appel éloquent auquel près de cinq cents personnes répondirent. Le président déclara d'abord que « Louvain, Malines et Reims étaient les trois douloureuses stations du calvaire de la guerre européenne. En présence de ces faits, disait-il, l'Italie, terre des arts, devait élever la voix et faire entendre une parole de réprobation ». On entendit de vibrants discours, comme celui de M. Lanino, qui parla au nom de la

Fédération des architectes et ingénieurs de toute l'Italie. Il flétrit
« un acte de violence destructrice dirigée contre un de ces trésors qui n'appartiennent pas à un peuple, mais à l'humanité
tout entière. Qu'à Reims les dégâts aient été grands ou petits,
ajoutait l'orateur, l'acte reste, ainsi que la menace qu'il peut se
répéter [1]. Nous protestons contre l'incendie de Louvain, la *Mater
Studiorum* de l'antique Brabant, contre les bombardements de
Malines et de Reims. L'état-major allemand, alors qu'il voulait
blesser les sentiments d'un peuple, a blessé au contraire le cœur
de tous ceux qui ont le culte des choses belles et la religion de
l'art ». L'ordre du jour voté par toutes les personnes présentes [2]
correspondait au ferme langage de M. Lanino; son discours lui
avait valu d'ailleurs une ovation.

Après les faits rapportés et les textes cités, on ne s'étonnera
pas que, dans la Péninsule, on ait souvent refusé de croire la
civilisation germanique supérieure à toute autre. Dans une réponse italienne au manifeste des intellectuels allemands, on
disait, en décembre 1914 : « Le peuple italien est plein de défauts; il est bien loin de posséder l'esprit de discipline, le respect de l'autorité, l'obéissance aveugle, la ténacité laborieuse
dont peuvent se vanter les Allemands. Il est individualiste à

---

[1] L'orateur répondait par cette phrase à M. Pio Piacentini, qui avait déclaré
qu'on ne pouvait voter un ordre du jour de blâme contre l'Allemagne, puisque
l'importance des dégâts soufferts par la cathédrale de Reims n'avait pas encore
été établie avec certitude. L'architecte Sprega s'était associé à ces réserves.
Voir, sur toute cette séance, le *Corriere della Sera*.

[2] Pourtant, outre les réserves indiquées dans la note précédente, M. Domenico Gnoli, déjà cité, avait cherché des circonstances atténuantes en faveur de
l'Allemagne. Il conta que les Français avaient bombardé Rome en 1849 et qu'un
projectile avait atteint sa propre maison. De plus, il dit : « Pourquoi devrions-
nous taxer les Allemands de barbarie, à propos d'une cathédrale qui n'est
peut-être pas endommagée? »

Le 4 février 1915, Mlle Erminia Devoto fit à l'Université populaire de Gênes
une conférence dont l'un des principaux objets était de montrer comment le
bombardement de la cathédrale de Reims prouvait l'infériorité intellectuelle des
Allemands.

outrance, frondeur, rebelle par principe, voire anarchiste; mais c'est aussi un vieux peuple, travaillé par des siècles et même par des milliers d'années; il a hérité de trois civilisations. C'est un peuple qui, pour compenser ses infinis défauts, a des dons : une vive sensibilité, une intuition rapide de la vérité. Ajoutez que c'est un peuple qui veut raisonner avec sa propre tête, tandis que tout Allemand raisonne seulement avec la tête collective et s'en remet souvent du soin de raisonner à un supérieur hiérarchique..... J'admets d'enthousiasme qu'une infinité de choses vont mieux qu'ailleurs dans votre pays; j'admets qu'il y a chez vous plus d'ordre, plus de discipline, plus de zèle, une plus grande solidarité sociale..., je suis disposé à croire qu'en Allemagne la marche des trains est plus conforme à l'horaire, que les gares sont plus spacieuses et les bureaux de postes plus commodes et plus élégants, que les murs ne sont pas couverts d'obscénités, que les plumes mises à la disposition du public n'ont pas le bec tordu, que les lavabos ne manquent pas de savon, comme en certains pays où règne moins d'ordre... Néanmoins, je ne puis reconnaître dans la race, dans la vie, dans la pensée allemandes une supériorité légitimant le rêve d'une hégémonie qui ne peut se déployer sans fouler aux pieds la race, la vie, la pensée des autres peuples... Si je me borne à l'examen sommaire des inventions militaires faites dans les cinquante dernières années, votre patrie ne brille pas précisément par le génie inventif. Vous savez que ces terribles canons à tir rapide sont d'invention française..., que françaises furent les premières mitrailleuses et anglaises les dernières, que français furent ces canons de cent vingt court qui occasionnèrent l'affaire Dreyfus..., que français et anglais furent les premiers sousmarins, français les premiers aéroplanes, anglais les premiers dreadnoughts. Si je regarde vos canons lourds, je vois que, pour ne pas enfoncer, ils emploient les ceintures à enrayage inventées par un capitaine italien. Si votre empereur n'avait pas mis à profit la candeur de notre Marconi et envoyé, avec une lettre de recommandation, le professeur Slaby visiter les appareils de ce savant, le susdit professeur n'aurait pu se hâter de prendre un brevet pour sa radiotélégraphie que vous appelez *Telefunken*... La merveilleuse ascension de votre peuple n'est pas due à un génie propre, mais à l'habileté, à la ténacité, à l'adresse avec laquelle il a copié, exploité ce qu'avait produit le génie des autres... Y a-t-il là une supériorité de civilisation [1]? »

Si encore l'Allemagne perfectionnait les idées que ses voisins ont eu le mérite de concevoir! Mais elle les déforme hideusement, affirme l'historien Guglielmo Ferrero [2] : « Il y a dans l'imagination germanique quelque chose de monstrueux, de déréglé, d'excessif qui rappelle les Indiens, les Persans, les Assyriens, les Babyloniens et les autres peuples de l'Orient, et qui pousse le peuple allemand à exagérer jusqu'à l'absurde tout principe sacré et vital en soi. Erasme de Rotterdam appelait Luther le « docteur hyperbolique ». Nous pourrions appeler l'Allemagne la « nation hyperbolique ». On dirait que l'Allemagne a comme mission dans le monde d'épuiser rapidement tous les principes de civilisation créés par les autres peuples, en les exagérant jusqu'à ce qu'ils soient devenus des dangers mortels ou des tourments insupportables. C'est ce qu'elle a fait avec l'industrie mécanique, création de l'Angleterre. Et elle a fait de même avec les principes militaires établis par la Révolution française. La France avait imposé le service militaire comme devoir civique. L'Allemagne s'est efforcée de diminuer le temps de service en augmentant le nombre des soldats, et ayant pu, après 1870, obliger toute l'Europe à suivre ses méthodes et ses exemples, elle l'a peuplée des monstres que nous voyons aujourd'hui aux prises : les armées qui sont tout le peuple en armes. »

De même, l'Allemagne a corrompu la science et l'a détournée de ses vraies fins; elle en a fait une ennemie et non une ser-

---

[1] Simplicissimus, *Lettera accademica*, dans *la Stampa*, 12 décembre 1914.
[2] Pour ce texte et le suiv., cf. *Voix ital. sur la guerre de 1914-1915*, p. 42, 55.

vante de la civilisation : « Si des événements décisifs ne se produisent pas d'ici peu, disait Ettore Janni dans le *Corriere della Sera,* la barbarie scientifique sera le caractère général prédominant de la guerre actuelle. Ce caractère, c'est l'Allemagne qui le lui aura imprimé la première; même quand tous useront de représailles, c'est l'Allemagne seule qui en portera devant l'Histoire l'écrasante responsabilité. Dans la conscience populaire du monde entier, Allemand deviendra synonyme de sauvagerie et de férocité. L'histoire des atrocités allemandes se gravera dans les esprits, et il faudra peut-être une longue suite d'années pour la faire oublier. Ceux qui, en Allemagne, sont coupables d'avoir déchaîné la guerre et de la conduire avec les méthodes que l'on sait ont été de courte vue en croyant la guerre opportune; mais ils se montrent de vue encore plus courte en la rendant d'une odieuse sauvagerie. Ils ne voient pas au delà du moment présent; ils ne pensent pas aux conséquences qui viendront après la paix; ils n'ont pas l'air de se douter le moins du monde du mal énorme qu'ils font à leur peuple en lui préparant pour la vie internationale de demain des conditions amères et difficiles au delà de toute expression. »

« Le peuple allemand, ajoutait un autre écrivain italien, croit être le plus chrétien de tous. Mais il a beau porter la Bible jusque sur le champ de bataille : il n'a jamais compris pleinement la vérité essentielle du christianisme, « l'unité du divin et « de l'humain symbolisée dans le mythe de Jésus-Christ », les droits sacrés que chaque peuple, chaque homme ont à l'existence. Le nationalisme allemand « est la foi aveugle que la va- « leur humaine universelle a son expression unique dans le « peuple allemand [1]. »

Aussi peut-on conclure avec M. Borgese que Goethe et l'élite

---

[1] B. Giuliano, *Coltura tedesca e civiltà latina* (*Rivista d'Italia,* 30 avril 1915). — Noter, dans la même revue, 15 novembre 1914, *L'origine della presente guerra,* article où F. d'Ovidio essaye de rendre justice à la fois à l'Allemagne et à la France et de ménager tout le monde.

de son temps renieraient les Allemands d'aujourd'hui : « Après
le xv⁰ siècle, la culture de la Renaissance produisit de beaux
fruits dans les autres pays d'Europe, tout en dégénérant dans
son pays d'origine; de même, à partir de la seconde moitié du
xix⁰ siècle, la culture allemande, répandue dans le monde entier, commença à se flétrir et à s'étioler dans l'Allemagne elle-
même. C'est plutôt nous qui sommes sur la grande voie tracée
par la pensée allemande et européenne; nous qui savons résister à une aveugle et présomptueuse confiance dans la force
matérielle ; nous qui croyons encore à la valeur de la médita-
tion, de la contemplation, du scrupule; nous qui ne nous arro-
geons pas le droit de trancher tous les problèmes en nous inspi-
rant seulement de la nécessité supérieure à toutes les lois et de
la force qui se manifeste sans équivoque. C'est plutôt nous qui
sommes sur la grande voie tracée par les poètes et les prosateurs
classiques allemands, Goethe et ses contemporains, qui connaissaient bien, eux, les leçons de notre humanisme de la Renaissance; nous qui ne nous lançons pas dans de vaines et
aigres affirmations de notre propre grandeur et de l'abjection
des autres peuples; nous qui, même en combattant, ne connais-
sons pas la haine; nous qui, même en nous préoccupant de
notre avenir, ne méprisons personne [1]. »

Dans les morceaux qu'on vient de lire, c'est surtout leur patrie
que les Italiens opposaient à l'Allemagne. Mais nombreuses
aussi sont les pages qu'ils consacrèrent à la France. Et maintes
fois, durant la période qui nous occupe, ils affirmèrent leurs
sympathies pour l'Angleterre [2] : c'est dans la Péninsule un sentiment traditionnel. Aucun souvenir pénible ne traverse l'esprit
des Italiens quand ils pensent à la Grande-Bretagne, dont les

---

[1] Cf. *Voix italiennes*, p. 26.

[2] Parmi des témoignages nombreux, citons S. Barzilai, *Dalla triplice alleanza
al conflitto Europeo*, Roma, 1914, p. 10 et suiv.; Un ex-diplomatico, *La neutralità italiana*, dans *Nuova Antologia*, septembre 1914, vol. 173, p. 93, 95;
Borgese, *Guerra di redenzione*, p. 25 et suiv. Cf. *Corriere della Sera*, 10 et
12 avril 1915, p. 2.

fils les plus riches viennent, depuis trois siècles, chercher à Florence, à Rome, à Naples, sur la *riviera*, le soleil et la santé, tandis que ses poètes et ses artistes promènent leur mélancolie et renouvellent leur inspiration en ce pays enchanteur. Jamais, ou peu s'en faut, la politique de Londres n'a porté ombrage à l'Italie; le *risorgimento* notamment ne cessa d'être facilité ou tout au moins encouragé par l'Angleterre : celle-ci ne se croyait en rien menacée par la constitution d'une Italie grande et forte, dans le voisinage immédiat de la France.

7. — L'Allemagne ne vaincra pas.

Malgré toutes les raisons d'intérêt ou de sentiment qui les détournaient de l'Allemagne et de l'Autriche, les Italiens dont nous parlons auraient pourtant hésité sinon renoncé à faire le grand pas s'ils avaient cru inévitable le triomphe de Guillaume et de François-Joseph : la perspective d'une lutte pleine d'honneur, certes, mais fatalement vouée à un ruineux et sanglant échec eût sans doute éteint leur ardeur et brisé leur énergie.

Heureusement, leurs calculs sur la solution du conflit répondaient aux désirs de leurs cœurs. « Certes, disait-on, la presse allemande est de bonne foi lorsqu'elle s'imagine que la guerre finira nécessairement et dans tous les cas par le triomphe des Empires centraux; que, le jour de la paix, il y aura une espèce de jugement suprême où les damnés seront mis à la gauche du Père... A la gauche du Père, nous Italiens, nous éprouverons le « grand malheur », la « ruine de notre avenir », à ce que nous présagent les devins des gazettes allemandes... Nous ne les suivrons pas dans l'exercice de la prophétie. Mais si nous pouvons logiquement prévoir les malheurs à venir, c'est leur pays qui nous semble menacé [1]. »

Cette foi, les *interventisti* la fondaient sur des arguments

---

[1] *Corriere della Sera*, 10 mai 1915.

bien connus. L'Allemagne qui préparait son agression depuis quarante ans n'avait pu, contre son attente, écraser la France. Nous nous étions ressaisis à temps; nous avions organisé une résistance qui chaque jour devenait plus efficace. Nous étions soutenus par des alliés nombreux, riches, puissants. Les ressources de la Triple-Entente ne pouvaient que s'accroître, tandis que celles des Empires centraux s'épuisaient. Les sympathies des neutres les plus importants inclinaient vers nous : tôt ou tard la Grèce et la Roumanie se déclareraient en notre faveur. A considérer la situation en toute impartialité, on pouvait tout au plus admettre qu'après sept ou huit mois de guerre, la balance restait égale entre les deux groupes, mais avec une tendance à pencher vers nous. Si l'Italie joignait son drapeau à nos étendards, notre lutte, pour atteindre une victoire déjà sûre, mais peut-être lointaine, serait grandement encouragée, facilitée, abrégée. Aussi fallait-il hâter le plus possible l'intervention : elle serait d'autant plus fertile et appréciée qu'elle se produirait plus tôt[1].

<h1 style="text-align:center">VI</h1>

<h2 style="text-align:center">Les partisans de l'intervention.</h2>

<h3 style="text-align:center">1. — Les groupes politiques.</h3>

Dès les premières semaines de la guerre, les socialistes réformistes, contrairement aux socialistes officiels, demandaient que leur patrie vînt au plus tôt fortifier la Triple-Entente. Cette intervention était réclamée avec instance par leur journal *l'Azione,*

---

[1] Cf. *Lavoro* de Gênes, 14 août 1914, *Si conversa ancora ; Lavoro,* 5 et 11 février 1915, et *Temps,* 31 décembre 1914 (opinion du colonel Barone) ; Borgese, *Italia e Germania,* p. 245, 247, *Guerra di redenzione,* p. 8, 27 ; M. Alberti, *Adriatico e Mediterraneo,* p. 11; Ettore Janni, dans le *Corriere della Sera,* avril 1915 (trad. par J. Luchaire, *Voix italiennes,* p. 49).

. qu'inspiraient les députés Bissolati et Bonomi. Et même, M. Bissolati voulut donner une preuve palpable de son esprit belliqueux en faisant annoncer son enrôlement dans le 3ᵉ bataillon alpin, au cas d'une mobilisation de l'armée italienne. M. Bonomi, lui, publia un article où il développait ouvertement la thèse que l'Autriche ayant violé le traité de la Triple-Alliance en commençant l'entreprise des Balkans sans entente préalable avec l'Italie, celle-ci avait recouvré *ipso facto* sa liberté [1].

Le 7 septembre 1914, les réformistes tinrent leur assemblée plénière et votèrent un ordre du jour affirmant que l'intérêt national de l'Italie, aussi bien que « sa solidarité fraternelle avec le pays de la Grande Révolution », rendaient souhaitable la victoire de la Triple-Entente. Il concluait ainsi : « Pour ces raisons, le groupe exprime le vœu que le Gouvernement interprète dans ses actes la neutralité non comme un renoncement préventif et absolu à toute intervention dans le conflit, encore moins comme une aide aux deux Empires avec lesquels tout lien d'alliance doit être jugé rompu, mais comme une revendication de la liberté d'agir dans le sens indiqué plus haut, à l'heure et selon les formes les plus opportunes [2]. »

En outre, pour se dégager nettement des socialistes officiels, les réformistes publièrent une circulaire destinée à rassurer les « camarades » des pays de l'Entente, comme aussi à enlever toute illusion aux « camarades » austro-allemands. Ils y rappelaient que leur parti, « fort d'un nombre considérable d'inscrits et d'adhérents, de vingt et un députés, de trois sénateurs…, comprenait la nécessité d'une intervention de l'Italie en faveur de la cause franco-anglo-belge qui est celle de la liberté des peuples et de la paix [3] ».

---

[1] Le *Temps*, 16 septembre 1914, p. 2. Cf. les déclarations catégoriques du député réformiste Tosca di Cuto, recueillies à Bordeaux (*Temps*, 15 septembre 1914).

[2] *Revue d'Italie*, décembre 1914, p. 90.

[3] *Revue d'Italie*, décembre 1914, p. 111. Sur l'attitude des socialistes réformistes, lire aussi le compte rendu de la séance de la Camera dei deputati du 5 décembre 1914, notamment dans le *Corriere della Sera* du 6 décembre.

Avec le temps, les réformistes ne perdirent rien de leur ardeur belliqueuse et de leur haine contre les Empires du centre. On en trouverait des preuves quotidiennes dans l'histoire de cette période [1].

« Quant aux républicains, écrivait, en septembre 1914, un Français qui vit à Rome, ils semblent encore plus agités que les réformistes ; ils se sont de nouveau repris d'affection pour leur vieux programme irrédentiste, et déjà ils commencent à répéter les anciennes et injustes accusations adressées à la dynastie de Savoie pendant la période troublée du *Risorgimento*. Ils prennent à partie la monarchie coupable à leurs yeux de ne pas savoir oser. Ils se servent d'un journal hebdomadaire, *l'Iniziativa*, pour proclamer la nécessité de la guerre avec l'Autriche [2]. » Ajoutons qu'en mainte occasion ils affichèrent les mêmes sentiments, par exemple dans un manifeste adressé au pays et dont le contenu se résumait en ce dilemme : « Ou sur les champs de Bourgogne, ou à Trieste et à Trente [3] ! »

Dans les milieux démocratiques et radicaux, on afficha aussi de bonne heure des sentiments antiautrichiens et une grande sympathie envers la France et l'Angleterre. Pour s'en convaincre, il suffirait de lire l'organe hebdomadaire de ce parti, *l'Idea democratica* [4]. Toutefois, si on en juge par les déclarations de M. Fera, un de leurs chefs, les radicaux étaient moins pressés que les réformistes. Ils appelaient la guerre de leurs vœux, mais comprenaient la nécessité de la préparer longuement et avec une énergique patience. M. Fera disait : « Il faut se convaincre des risques que courrait l'Italie dans une guerre avec l'Autriche, pour comprendre le désir du Gouvernement d'y parer avec la

---

[1] Voir notamment le *Temps* du 20 février 1915.

[2] Le *Temps*, 16 septembre 1914, p. 2.

[3] Le 8 septembre 1914, la section romaine du parti républicain, après un discours du député romain Barzilai, votait un ordre du jour dans le même sens (*Corriere della Sera*, 9 septembre 1914). Voir aussi la séance de la Chambre du 4 décembre (*Corriere della Sera*, 5 décembre).

[4] Le *Temps*, 16 septembre 1914, p. 2.

plus efficace préparation militaire. Pensez à ce que serait un bombardement aérien de Venise... Il est nécessaire de songer aux difficultés énormes d'une offensive italienne en Autriche. Et peut-être, pour les mieux battre, faut-il attirer les Austro-Allemands en Lombardo-Vénétie. Dans ce cas, le peuple italien, malgré sa merveilleuse énergie, n'aura-t-il pas ses heures de découragement ? Pourra-t-il supporter cette terrible nécessité avec l'étonnant sang-froid dont font aujourd'hui preuve les Français, admirés par le monde entier? Le sentiment national, que tant de gloires et de revers communs ont enraciné, tenace et invincible, au cœur de tous les Français, n'a encore en Italie qu'une soixantaine d'années d'existence... Mais ce que je dis là est le meilleur argument en faveur de la guerre. Rien ne développera ce sentiment national comme les épreuves, les souffrances communes, comme les enthousiasmes de la guerre... Et vous verrez que nous prendrons les résolutions définitives [1]. »

Avec les Italiens d'opinion avancée marchèrent vite d'accord des conservateurs connus précédemment pour leur fidélité à la Triplice. Nous voulons parler des nationalistes. Le député républicain Comandini disait d'eux, en novembre 1914 : « Au début de la guerre, ils étaient germanophiles parce qu'ils croyaient au dogme de la toute-puissance militaire allemande et à la légende de la désagrégation de la France et de la Russie; ils sont persuadés aujourd'hui que le rêve de la plus grande Italie est lié au succès des armées alliées [2]. »

Après avoir profité, aux dernières élections, de l'appui catholique, ils se rangèrent donc, en août 1914, de l'autre côté de la barricade. Un de leurs chefs, M. Federzoni, expliquait ainsi ce changement : « Nous avons pris une attitude analogue à celle des partis démocratiques parce que nous sommes, comme eux, ennemis d'un maintien inconditionné de la neutralité, maintien

---

[1] Déclarations faites au *Petit Journal* et reproduites dans la *Revue d'Italie* de février 1915, p. 278.

[2] Le *Temps*, 4 décembre 1915. L'interview eut lieu à Modane le 30 novembre.

favorable en dernière analyse aux seuls Empires centraux. Nous ne renonçons nullement pour cela au patrimoine doctrinal de notre parti qui, en temps de paix, n'a jamais caché ses tendances conservatrices. Mais, en ce moment, nous croyons à la nécessité de la guerre, et de la guerre contre l'Autriche... L'ultimatum à la Serbie, qui contenait en germe la destruction de l'équilibre balkanique, étant contraire à l'esprit du traité de la Triplice, régulateur de cet équilibre, nous avons repris, nous Italiens, notre entière liberté... La manière dont le conflit a éclaté nous donne le moyen d'achever l'unité italienne en fixant définitivement les frontières naturelles de notre pays depuis le Brenner jusqu'à Fiume [1]. »

Parmi les journaux conservateurs, les organes nationalistes n'étaient pas seuls à prêcher l'intervention : à leur voix s'ajoutait celle du *Corriere della Sera,* un puissant quotidien libéral dont la renommée déborde justement les frontières italiennes. Le député Torre y commença, dès le mois d'août, une série d'articles à la fois élégants, éloquents, persuasifs que commentèrent des myriades de lecteurs.

Et puisque nous parlons des libéraux, notons aussi que, pour provoquer l'intervention de l'Italie, il se forma çà et là dans la Péninsule des groupements nationaux-libéraux. Un adhérent les définissait ainsi : « Ils se distinguent de ce qu'on nomme le grand parti libéral en ce qu'ils ne résument pas tout leur sentiment politique dans le désir de vivre et de laisser vivre, et en ce qu'ils croient qu'au besoin la cause de la nation doit passer pour supérieure à la cause des institutions. D'autre part, ils se distinguent du nationalisme officiel, soit en ce qu'ils ne peuvent considérer que l'Etat moderne puisse être établi sur un autre système que le système libéral et en ce qu'ils jugent impossible une entente avec le cléricalisme, soit parce que l'expansion italienne doit être, d'après eux, plus concrète et plus graduelle,

---

[1] Déclarations faites au *Petit Journal.* Cf. *Revue d'Italie,* février 1915, p. 279-280.

plus dégagée aussi du préjugé que la puissance et la grandeur d'un Empire se mesure seulement par kilomètres carrés. Cette expansion, ils la veulent consciente de la nécessité d'une mission idéale : celle-ci, il leur plaît de la chercher dans l'Italie des années qui s'écoulèrent entre le Congrès de Vienne et 1848, plutôt qu'en France ou en Allemagne : dans le moderne christianisme combattif de Mazzini, de Gioberti, de Garibaldi, plutôt que dans l'héroïsme nu de Nietzsche ou dans le machiavélisme retardataire de Bismarck ou dans la livresque utopie légitimiste de Maurras[1]. »

2. — Les Universités. — Si Carducci vivait encore!

Après avoir établi quels partis politiques se prononçaient pour l'entrée en scène de l'Italie à nos côtés, se demandera-t-on dans quels milieux sociaux ils se recrutent, et, par suite, à quel monde appartenaient les fauteurs de l'intervention? S'il semble difficile, sinon impossible de résoudre avec une précision détaillée ce petit problème, du moins peut-on avancer les deux faits suivants. D'une part, il va de soi que les sympathies des ouvriers et des petits employés inclinaient, en général, vers la Triple-Entente, puisque ce sont eux surtout qui forment les troupes des deux groupements socialiste réformiste et démocrate chrétien. D'un autre côté, un heureux accord unissait, pour une fois, ces classes humbles à des hommes beaucoup plus instruits : les professeurs et les étudiants des Universités.

C'est l'impression que rapportait d'Italie, déjà en novembre 1914, un savant français, M. Charles Richet. N'étant plus d'âge à prendre les armes, ni de force à suivre ses cinq fils sur les champs de bataille, il crut, non sans raison, pouvoir faire œuvre utile en passant les Alpes pour aller s'entretenir avec nos amis

---

[1] Borgese, *Guerra di redenzione*, p. 4.

connus ou inconnus de la Péninsule. « A Bologne, écrit-il, tous les professeurs de l'Université sans exception, le maire de la ville, le recteur m'ont reçu comme si j'eusse été un de leurs compatriotes, avec des marques de sympathie dont le souvenir est ineffaçable. Les étudiants m'ont longtemps, malgré moi, accompagné dans la rue en chantant la *Marseillaise*[1]. »

L'Université de Bologne continuait sans doute à penser ce qu'au lendemain de l'année terrible affirmait un de ses maîtres les plus illustres, un des Italiens dont le nom aurait dû être souvent prononcé durant cette longue veillée d'armes, car, avec son œuvre littéraire de grand Italien et de grand Latin, il avait préparé sa patrie aux nobles décisions qu'elle allait prendre en mai 1915. Nous voulons parler du célèbre poète de la troisième Italie, de Giosuè Carducci. Dès 1872, il déplorait la joie que faisaient éprouver à certains Italiens les revers de la France et l'espoir qu'ils nourrissaient de notre plus complet écrasement. Avec un sens politique avisé, Carducci soupçonnait que, ce jour-là, l'Italie, en dépit peut-être d'avantages provisoires, constituerait une proie prochaine pour l'insatiable Germain, devenu tout-puissant. Il regardait avec méfiance certaines cartes de l'Empire allemand. Elles n'absorbaient pas la Hollande et les Flandres seules, mais la Lombardie et d'autres morceaux d'Italie. Carducci[2] refusait de voir là une fantaisie d'érudits sans tact. Vers 1815, on qualifiait de même les prétentions allemandes sur l'Alsace et la Lorraine. Et depuis!... Loin de croire à la fin prochaine de la France, Carducci écrivait ces paroles consolantes et prophétiques, qui font grand honneur tout à la fois à son cœur et à son intelligence : « Plusieurs fois la France a touché la terre, nouvel Antée, pour se relever plus forte. Au xve siècle, démembrée par l'étranger, déchirée par les factions, elle vit son roi national réduit à n'avoir pour tout domaine que Bourges; elle vit le roi d'Angleterre couronné à Paris. Peu

---

[1] *Revue hebdomadaire*, 19 décembre 1914.
[2] Carducci, *Opere*, Bologna, Zanichelli, t. VII, p. 8, 9.

d'années après, elle ajoutait au territoire de la monarchie de nouveaux états, elle faisait l'expédition d'Italie, son roi pouvait aspirer à la couronne impériale d'Allemagne. Et que n'a-t-elle pas fait après la bataille de Leipzig et la catastrophe de Waterloo? Cette fois encore elle se redressera. »

Carducci s'exprimait ainsi en 1873. S'il était encore vivant, le célèbre professeur de Bologne, mort il y a huit ans, composerait une de ces odes admirables où il excellait si bien à dégager la liaison des faits historiques; il rattacherait les événements actuels à tout un long passé et il nous redirait la lutte plusieurs fois séculaire des Latins et des Germains. Il prédirait l'accablement prochain de deux empires que la Némésis, qu'il croyait toujours vigilante, guette pour les entraîner au fond d'un gouffre. Il appellerait ses compatriotes aux armes, lui qui souhaitait l'alliance des peuples latins. Elle consacrerait, disait-il, la confédération morale et idéale qui les unissait déjà : fait naturel résultant d'une parenté de langues, d'une communauté de traditions et de lois, d'une même manière aussi de concevoir et de réaliser l'œuvre d'art. Cette civilisation, ajoutait Carducci, on en connaissait les résultats. Elle avait, au moyen âge, donné naissance aux Communes, plus tard à la Renaissance; elle avait découvert l'Amérique; d'elle était sorti quatre-vingt-neuf. Son passé prouvait bien qu'elle ne pouvait subir d'éclipse sans dommage pour l'Europe et le monde lui-même. Or, si elle avait besoin du concours de toutes les races latines, elle devait en particulier compter sur la France. Non pas que celle-ci fût, d'après Carducci, en droit de s'appeler « la grande nation ». Mais comment nier son rôle historique qui était de servir de lien entre les peuples [1]?

Nous n'avons jusqu'ici parlé que de Bologne. A Rome, à Ferrare, à Gênes, M. Richet trouva un accueil tout aussi affectueux.

Notons, d'autre part, la scène dont, en novembre 1914, l'Uni-

---

[1] Carducci, *Opere*, t. VII, p. 7, 10, Bologna, Zanichelli.

versité de Naples fut très émue. Les étudiants se pressaient dans l'amphithéâtre. A peine le professeur de littérature allemande, M. Klemperer, fut-il entré dans la salle et commença-t-il à parler que l'auditoire poussa, presque d'une seule voix, le cri de « A bas l'Allemagne! » M. Klemperer resta interdit et ne sut plus que faire. Les cris hostiles continuant, il essaya de calmer les esprits par quelques paroles d'explication; mais on cria plus violemment encore : « A bas l'Allemagne! » A la fin, il prit le parti de se retirer [1].

Quant à Turin, voici comment M. Jean Lefranc exprimait, dans le *Temps* du 21 mars 1915, ses impressions sur les milieux universitaires de la belle capitale piémontaise. « Le courant des idées libérales y conduit la plupart des esprits à réprouver les manifestations de la brutalité allemande, en même temps qu'un patriotisme inspiré par les faits historiques et vivifié par la culture latine les entraîne à réclamer énergiquement la réparation des crimes commis par l'Autriche contre l'Italie. Des hommes éminents, comme M. Pietro Romano, professeur de philosophie à l'Université de Turin, m'ont fait sur ce point des déclarations non équivoques. Ils ont autour d'eux un corps d'étudiants qu'anime la généreuse impétuosité de la jeunesse et qui n'apportent naturellement à la manifestation de leurs sentiments ni réserve timorée, ni calcul ingénieux. L'*Ora presente* est une revue turinoise où ces ardents polémistes disent leur fait, d'une voix mâle et juvénile à la fois, aux auteurs des attentats contre la liberté des peuples. »

Ces atrocités, seule une minorité de professeurs s'obstinait à ne pas les voir. Presque tous, d'ailleurs, sont sinon originaires d'Allemagne ou d'Autriche, du moins unis à ces pays par des liens étroits de famille : plusieurs sont personnellement en puissance d'épouses allemandes, et ce n'est pas là un vain mot.

---

[1] Le *Temps*, 30 novembre 1914, p. 2. A Rome, en décembre, il y eut des manifestations tumultueuses contre le professeur Cesare de Lollis, également à cause de ses tendances germanophiles. Cf. *Stampa*, 12 décembre 1914, p. 7.

Depuis tant d'années, ils jouissaient de la paix domestique en un foyer bien tiède; ils savouraient la considération attachée à leurs fonctions. Voici que la guerre vint troubler leur quiétude. Surexcités par les événements, ils parlèrent peut-être trop. Alors les étudiants — cet âge est sans pitié — osèrent étourdir de leurs bruyantes clameurs ceux qu'ils avaient dénommés « les maris des Allemandes ». Ces maîtres italiens payaient cher l'étalage d'une partialité vraiment excessive, qu'elle leur fût inspirée par des intérêts de famille ou, quelquefois, par des motifs moins apparents et plus difficiles à démêler.

Pour nous en tenir à un petit nombre de faits, voici un résumé de l'agitation universitaire du 23 avril [1]. A Rome et à Milan, deux professeurs germanophiles venaient d'apprendre à leurs dépens ce qu'il en coûte de blesser les sentiments les plus généreux de la jeunesse italienne. Les étudiants de Gênes décidèrent de témoigner leur sympathie à leurs camarades romains et milanais. Ils se réunirent plus de quatre cents à l'Université; ils votèrent un ordre du jour protestant contre toute infiltration et toute souillure étrangères dans l'enseignement italien. Ils décidèrent en outre de se mettre en grève toute une journée, sauf à continuer leur effervescence si les pouvoirs publics restaient sourds à leur vœu pressant. A la sortie, les manifestants rencontrèrent le Recteur qui, flanqué de deux professeurs, les invita sans doute au calme, mais les approuva sans ambages de réclamer l'indépendance complète des Universités italiennes. Le même jour, Bologne, Pavie, Turin voyaient des manifestations analogues; les étudiants de Pise parcouraient les rues au cri de : « Guerre à l'éternel ennemi! »

3. — Gabriele d'Annunzio.

Au cours de notre exposé, nous avons cité, entre autres noms, ceux de MM. G.-A. Borgese, G. Salvemini, Luigi Einaudi, Gu-

---

[1] *Corriere della Sera,* 24 avril 1915; *Secolo,* 26 avril.

glielmo Ferrero, Ugo Ojetti, Pietro Silva, Luigi Barzini, Giulio Caprini, Ettore Janni, Giulio Natali. S'il fallait donner une liste même abrégée des professeurs et des littérateurs qui luttèrent contre les *neutralisti,* la tâche serait des plus ardues.

Mais il est un Italien qui, du moins en mai 1915, fixa plus spécialement l'attention du monde entier. On ne pourra désormais raconter cette héroïque veillée d'armes sans mettre en vedette le nom de Gabriele d'Annunzio.

Dès les premiers temps de la guerre, il apparut comme un admirateur et un défenseur de la France, comme un partisan résolu de l'intervention italienne la plus prompte. Le 24 septembre 1914, il écrivait à M. Arthur Meyer, directeur du *Gaulois,* la lettre suivante : « Cher ami, je retourne des lignes de bataille où le visage du plus mâle destin semble se dessiner en relief d'os et de chair parmi la gloire réapparue sur votre sol et sur votre ciel. Et je dois avant tout vous exprimer toute mon admiration pour vos soldats que je n'avais jamais vus de si près. J'ai pu passer avec eux quelques heures qui sont les plus belles, les plus remplies de ma vie d'exil, sur cette terre royale de Soissons toute couverte de bois, de campaniles robustes, d'eaux lentes et de grands souvenirs où l'âme de la vieille France semble plus pure qu'en toute autre contrée : du Dolmen de la « fontaine bouillante » aux cryptes mérovingiennes de l'abbaye de Saint-Médard et de la roche druidique d'Ostel aux cinq absides de Saint-Yves, de la pierre trouée de Morsain au donjon de Coucy. Ce domaine de la première race porte le faîte de votre plus ancienne histoire; les forces nouvelles de la France, cette fusion rapide du sang et de la pensée, semblent y retrouver les empreintes glorieuses et s'y former en relief à l'image de ce qui fut accompli. Je ne sais pas si vous avez observé sur la face de vos combattants le caractère antique de cette beauté imprévue, créée au dedans et au dehors par l'énergie et par l'amour. C'est une apparition si extraordinaire que je ne me souviens pas d'avoir éprouvé devant d'autres spectacles humains une émotion plus forte. Le rapport idéal était encore, comme à certaines heures de votre histoire, parfait entre l'aspect de la terre et la structure de ceux qui se sacrifient pour la défendre. On aurait dit, l'autre jour, dans ce pays des martyrs et des rois que toutes ses lignes fussent tendues vers une suprême expression virile. Je pensais avec piété à la triste Italie et à ses grandes époques, quand l'harmonie entre sa substance et sa progéniture semblait merveilleusement accomplie, au point que ses vertus naturelles et les œuvres vivantes de ses fils formaient un équilibre presque divin. On croyait alors reconnaître dans les pulsations de sa vie civile l'aspérité de ses monts, le cours de ses fleuves, la forme de ses vallées. Tel est aujourd'hui le miracle français [1]. »

Quelques jours plus tard, le 30 septembre, dans le *Journal*, d'Annunzio invitait éloquemment ses compatriotes à se ranger en armes aux côtés des puissances de la Triple-Entente : seul moyen pour l'Italie de soumettre l'Adriatique à ses lois et de reconquérir avec l'usage de son poumon gauche l'intégrité de sa respiration. « Il y a plus, disait-il : la nature rend l'Italie solidaire de la France; pour toutes deux, comme d'ailleurs pour chacun des peuples méditerranéens, il s'agit de soutenir la lutte suprême contre une menace imminente de servitude et d'extermination. »

Le 12 janvier 1915, à la Sorbonne, lors de la fête en l'honneur de la culture latine, on entendit une ode jaillie du cœur du grand poète le premier jour de la guerre [2].

Le lendemain, au banquet organisé sous les auspices de *la Revue hebdomadaire*, d'Annunzio prononçait un éloquent dis-

---

[1] Voici une autre lettre écrite par d'Annunzio à la suite d'une visite sur le front. Nous la trouvons citée, sans date, dans la *Revue d'Italie*, janvier 1915, p. 67 : « Je reviens ce soir sous la pluie qui tombe à verse. Je trouve votre chère lettre. Je repars demain matin de bonne heure pour la ligne de bataille. Dans les champs dévastés, j'ai vu des choses si pitoyables et si terribles que pour ne pas avoir le remords de me coucher dans mon lit habituel, je voudrais les oublier. Aucune vengeance ne sera jamais assez forte. »

[2] Il le déclara lui-même, le lendemain, au banquet de la *Revue hebdomadaire*. Cette ode se trouve dans cette revue, février 1915, p. 227, *Ode pour la résurrection latine*.

cours où il prédisait la prochaine décision de l'Italie. « Je vous annonce, disait-il, la certitude qui est pour moi fatale comme l'éclosion du printemps, comme l'entrée du soleil dans le signe du Bélier, la certitude de notre guerre, de celle que je prêche depuis vingt-cinq ans. » Puis parlant de son séjour à Paris, il ajoutait : « Je suis considéré ici et je me considère encore comme un otage, comme l'otage volontaire d'un pacte idéal... Cet otage ne sera délivré que par ce que nos anciens appelaient *fœdus ferire,* il ne sera libéré que par le jet du javelot romain teint de sang ; il ne sera rendu à sa patrie première que le premier jour du printemps héroïque, sous le signe du bélier *projex,* c'est-à-dire qui s'est précipité en avant. La France, aujourd'hui, n'est pas seulement le champion de la liberté latine ; elle est, il faut le proclamer très haut et le répéter sans cesse, le champion de toutes les libertés du monde. Qui donc sera près d'elle, sinon sa sœur aînée, debout non seulement pour l'honneur du nom latin, pour recouvrer les terres qui furent une partie de la dixième légion italique d'Auguste, pour recouvrer et dominer la mer dogale, cette mer dogale dont la possession lui est nécessaire comme la garde des Alpes, mais aussi pour atteindre enfin, par l'unité du sol, la véritable unité de sa conscience et de sa puissance? On y sera demain, je vous le dis, j'en ai aujourd'hui dans mon âme la certitude enivrante, et vraiment, mes frères, les aurores les plus belles ne sont pas encore levées [1]. »

En attendant, d'Annunzio attisait sa haine contre la barbarie en allant visiter les ruines de la cathédrale de Reims, le 17 mars, en compagnie d'Ugo Ojetti qui, quelques jours après, consacrait le souvenir de cette douloureuse excursion dans un article du *Corriere della Sera* [2].

Le 30 avril 1915, d'Annunzio publiait dans *La Petite Gironde,*

---

[1] Je reproduis ce texte d'après la *Revue d'Italie,* mars 1915, p. 415-6.

[2] Numéro du 8 avril, p. 3, *Strada facendo.* On sait qu'U. Ojetti est un critique d'art réputé.

sous le titre de *La très amère Adriatique,* un article dont le passage suivant indique le ton : « Jusqu'à hier, de vieux corrupteurs se sont efforcés de persuader au peuple italien qu'il ne doit pas mettre sa gloire à *conquérir* son bien, mais à *l'acquérir.* On a tenté d'abattre les valeurs morales en leur substituant de petits intérêts immédiats, des marchandages cauteleux, de faciles commodités. Et voici que le génie de la race parle, tout à coup, une parole romaine : « *Facere et pati fortia...* » Il rétablit, dans la conscience troublée du peuple, cette vérité salutaire : que la nation est un fait de nature spirituelle et que l'idée de sacrifice est à la racine de sa spiritualité. La France d'aujourd'hui sait de quelle manière l'individu se surpasse dans la nation et par quel effort la nation se surpasse elle-même en renouvelant et en créant la vie à travers la destruction. Nous allons rapprendre cet art, qui est l'art romain de la puissance : « *Facere et pati fortia...* » L'heure de faire et de pâtir est venue pour l'Italie : et jamais comme pour elle, à cette heure, ne fut si juste et inexorable l'admonition du poète pasteur : « Mais à présent, ah! à présent, il s'agit de tirer un ensei« gnement des crises d'angoisse, en marchant de l'avant, en « luttant contre le plus affreux destin sans reculer. A présent, il « s'agit de prendre conscience de ce que tes enfants en masse « sont réellement et de le montrer au monde [1]... »

Quelques jours plus tard, d'Annunzio quittait Paris. Avant de partir, il adressait la lettre suivante à M. Alfred Capus, rédacteur en chef du *Figaro :* « Mon cher ami, je pars pour Gênes. On va jeter le dé. Ce qui n'est pas arrivé *sous le signe du Bélier* va arriver sous le signe du Taureau. Cette bête zodiacale a un front encore plus dur, *frontem duriorem frontibus eorum.* De Gênes, vous recevrez de grandes nouvelles. J'ai composé quatre sonnets d'amour pour la France... J'aimerais les donner au public français en guise d'adieu. Voulez-vous les publier dans

---

[1] Texte reproduit d'après *Italia,* Paris, 7 mai 1915, 15, rue Vivienne.

le *Figaro* le matin du 5 mai? A la même heure, nous serons des alliés [1]. »

Jusqu'à ce moment, d'Annunzio avait été certes un des *interventisti* les plus en vue. Mais d'autres avaient déployé au moins autant d'activité et leurs efforts, sans aucun doute, avaient exercé une influence beaucoup plus efficace. Lui, vivait loin d'Italie; ses démarches, ses vers, ses harangues, ses articles ne pouvaient être connus dans la Péninsule que par l'écho plus ou moins affaibli qui parvenait jusqu'à ses compatriotes. Mais tous ses gestes que nous avons relatés, toutes ses paroles que nous avons citées ne faisaient qu'annoncer et expliquer en partie le rôle vraiment grand et glorieux qu'allait tenir le poète. Ce rôle commence le jour où Gabriele d'Annunzio est désigné pour prendre la parole aux fêtes de Quarto.

Qui ne voit l'importance de cette solennité, en l'honneur des Mille, à une heure où un nombre imposant d'Italiens voulaient prendre les armes précisément pour continuer l'œuvre de Garibaldi et des héros du *risorgimento?* Qui ne comprend l'éclat dont s'illuminait la physionomie de Gabriele d'Annunzio, du fait même que l'illustre écrivain avait été choisi pour être le principal orateur du jour? Par cette élection prestigieuse autant et plus que par la renommée du célèbre ciseleur de vers, s'explique l'accueil triomphal que reçut d'Annunzio dans sa patrie, quand il y rentra après une absence d'environ cinq années. Ce n'est pas au romancier en conflit fréquent avec la morale sacrifiée, ce n'est pas à l'auteur de *la Figlia di Jorio*, ni même de *la*

---

[1] D'Annunzio voulait sans doute dire que la présence du roi aux fêtes garibaldiennes du 5 mai, à Quarto, serait la preuve que le grand pas était irrévocablement fait. On sait que le roi s'abstint de prendre part à cette fête.

Lorsqu'il parle du *Bélier*, il fait allusion à la prédiction qu'il avait lancée au banquet du 13 février, que l'Italie entrerait en guerre sous ce signe du zodiaque.

Quant aux quatre sonnets d'amour, qu'on peut lire non seulement dans le *Figaro* du 5 mai, mais dans la *Revue d'Italie* de juin 1915, d'Annunzio, dans sa lettre à A. Capus, les donne pour inédits. N'avaient-ils pas tout au moins été récités par Mme Madeleine Roch, à la Sorbonne, le 11 avril, dans une réunion de bienfaisance, où elle déclama cinq sonnets inédits du poète « sur une image de la France crucifiée »? Cf. *Corriere della Sera,* 12 avril 1915, p. 3.

Nave ou d'autres œuvres dramatiques, ce n'est pas à l'auteur de nombrèux poèmes tour à tour langoureux et guerriers, — ou plutôt, en même temps qu'à cet artiste réputé et plus même qu'à lui, c'est au messager des patriotes qu'allaient tant d'hommages, à l'homme qui, aux fêtes de Quarto, allait traduire, on le savait bien, les émotions que chacun agitait en son cœur : rancunes et haines séculaires contre le Germain, confiance inébranlable dans le prochain achèvement du *risorgimento*.

Suivons d'Annunzio à son retour en Italie. Au sortir de Modane, à la première gare du royaume, à la modeste station de Bardonecchia, l'Italien qui, avant tous les autres, souhaite la bienvenue au poète est le chef de gare. Il monte dans le wagon et offre à d'Annunzio ému un humble bouquet de fleurs des bois. « Elles sont un peu abîmées, dit-il, mais elles viennent de nos Alpes, acceptez-les donc tout de même. » Une trentaine d'officiers ou de soldats sont sur le quai. A peine aperçoivent-ils le poète, ils applaudissent. Et lui de crier : « Vive l'Italie! » Il descend vers eux et serre la main à tous les trente. A Criomonte, ce sont les institutrices du petit village qui attendent le passage du train. Elles battent des mains et le poète demande à conserver comme souvenir la marguerite qu'une d'elles porte à son corsage. A tous les arrêts, d'Annunzio reçoit l'hommage d'amis inconnus. Nous voici en gare de Turin. Les étudiants acclament vigoureusement l'illustre artiste; lui, il adresse un salut à la cité qui jeta, comme il le rappelle, les premiers fondements de l'unité italienne. Pour ne pas nous répéter, arrivons de suite à Gênes. Des délégations nombreuses sont groupées à la gare. Un homme sort de la foule. Il arrive de Pescara où, voici cinquante-deux ans, naquit d'Annunzio. « Maître, dit-il, votre mère, je l'ai vue hier encore, comme d'habitude, à sa petite fenêtre. Elle se porte bien. Elle m'a dit qu'elle vous bénit et vous embrasse. » Le poète retient à peine ses larmes. Prenant le bras de son compatriote, il sort. Si nombreuse est la foule accourue au-devant de lui que nul cordon de troupes ne peut la contenir. Elle voulait escorter d'Annunzio jusqu'à l'hôtel; il se dérobe en automobile.

De loin, il est suivi par un immense cortège avec drapeaux, bannières, palmes et fleurs. Tout à l'heure, de longues acclamations éclateront sous ses fenêtres; il devra paraître au balcon et, dans la nuit sereine, sous un ciel étoilé, il lancera de sa voix métallique une vibrante improvisation [1].

Le lendemain, vers qui le peuple italien fit-il monter son enthousiasme, au cours des fêtes de Quarto? Vers les survivants des Mille qui, en dépit de leur grand âge, assistaient à la glorification de leur chef, mais aussi vers d'Annunzio. Sur tout le parcours du cortège, lui comme eux fut comblé d'acclamations et couvert de fleurs. Quand il prit la parole, à Quarto, chaque strophe de son poème en prose était saluée de longues acclamations [2]. Le soir, au banquet qui eut lieu au théâtre Carlo Felice, son toast recueillit des applaudissements frénétiques. De même, le discours qu'il prononça, quelques jours après, devant les professeurs et les étudiants dont il recevait, en hommage, une plaquette d'or. A cette jeunesse universitaire, il donna un conseil d'énergie : « S'il est vrai, comme je le jure, que les Italiens ont ranimé le feu sur l'autel de l'Italie, prenez-en les tisons dans vos mains et soufflez sur eux! Tenez-les au poing, secouez-les, brandissez-les, où que vous passiez, où que vous alliez! Et semez le feu belliqueux, mes jeunes compagnons, soyez les incendiaires intrépides de la grande patrie. *Partez! Obéissez! disait le prêtre de Mars à la jeunesse consacrée.* Vous êtes la semence d'un monde nouveau, partez! Apprêtez-vous! Obéissez! Je vous le dis puisque vous me faites digne de vous consacrer, puisque vous êtes les étincelles impétueuses de l'incendie sacré : semez le feu! Faites que demain toutes les âmes soient en feu, faites que toutes les voix soient une seule clameur de flamme : Italie! Italie [3]! »

---

[1] Voir *Lavoro* et *Secolo XIX* de Gênes, 3 et 4 mai 1915.

[2] Les mêmes journaux, le 6 mai. Une traduction française du discours prononcé par d'Annunzio à Quarto se trouve dans le *Temps* du 6 mai.

[3] *Temps*, 12 mai.

En prononçant ces paroles, d'Annunzio ne se considérait plus lui-même et n'apparaissait peut-être plus aux autres comme le simple interprète de ceux qui voulaient l'intervention, il devenait en outre un entraîneur et un conducteur d'hommes. Il gardera ces deux rôles à Rome, où il arriva alors qu'une résistance suprême était engagée par les partisans irréductibles de la neutralité. Salandra, d'Annunzio, Victor-Emmanuel III : ces trois noms passeront ensemble à la postérité, en souvenir de ces journées d'angoisse où le sort de l'Italie se décida au Parlement, dans la rue, au Quirinal. En même temps qu'il continuait à être un symbole, d'Annunzio prenait et se voyait donner toujours davantage une vraie mission de tribun.

Nous sommes le 12 mai. On l'attend à Rome. La gare est envahie depuis six heures. Dehors une foule d'environ cent cinquante mille personnes. Elle entoure les chefs du mouvement patriotique et les Garibaldi. Les étendards de Trente et de Trieste sont déployés. D'Annunzio, qui a failli être étouffé dans la presse de ses admirateurs, sort de la gare, porté sur des épaules d'amis. Il est accueilli par les cris et les chants qu'élèvent tant et tant de voix. L'automobile où il monte ne peut aller qu'au pas ; elle avance à la lueur des torches. Il arrive ainsi à l'hôtel Regina, en face du palais de la reine-mère. Celle-ci assistait au spectacle avec ses dames d'honneur. Dans la rue, une foule énorme, de nombreux drapeaux, des milliers de flambeaux et de lanternes de couleur. A l'hôtel, d'Annunzio trouve ses appartements garnis de fleurs, notamment d'un magnifique bouquet aux couleurs italiennes, offert, dit-on, par un prince de la maison royale. Le poète, extrêmement pâle, apparaît au balcon, salué d'une immense ovation qui se renouvellera quand on entendra cette péroraison de sa vigoureuse harangue : « Depuis trois jours, je ne sais pas quelle odeur de trahison commence à nous suffoquer. Non, non, nous ne voulons pas être un musée, un hôtel, une villégiature, un horizon peint par le bleu de Prusse pour les lunes de miel internationales... Balayez donc, balayez toutes les ordures, chassez dans le cloaque toutes les choses putréfiées. Vive Rome sans honte ! Vive la grande et pure Italie [1] ! » ᛫

Le surlendemain, un spectacle de gala est organisé en l'honneur de Gabriele d'Annunzio au théâtre Costanzi. On joue *La Fille du Tambour-major*, opérette qui met en scène un épisode de l'époque napoléonienne et prête aux manifestations patriotiques. Après le premier acte qui se déroule dans un calme relatif, le public éclate en cris concordants : « A bas Giolitti, traître à la patrie! A bas le cabinet Bülow-Giolitti! Vive l'indépendance italienne! » Puis un orateur commence un violent discours. Mais il doit s'arrêter, car voici entrer dans la salle d'Annunzio qui est en retard. Tout le public se lève. Le poète ne voudrait pas parler. On le contraint à monter sur la scène. Et cette fois encore il apparaît un entraîneur d'hommes, un conducteur de foule. « Giolitti, dit-il, connaissait les obligations de notre traité avec l'Autriche et l'Allemagne, et il savait que, le 4 mai, nous l'avions dénoncé, du moins par rapport à l'Autriche. Il connaissait aussi les conditions de notre récent accord avec la Triple-Entente et les engagements pris par nous envers la France, l'Angleterre, la Russie. Pourtant, il a tout mis en œuvre pour nous obliger à violer la parole donnée. Donc il trahit le Roi, il trahit la Patrie; contre le Roi et contre la Patrie, il sert l'étranger. Il est coupable de trahison, et ce n'est pas là une simple façon de parler injurieuse, une simple phrase de polémique violente. Giolitti est réellement un traître, selon le sens usuel du mot... Je vous demande d'être tous en ce moment des soldats, tous des combattants contre l'ennemi intérieur. Si, le 20 mai, le Parlement est réouvert, nous devons, par tous les moyens, en interdire l'entrée à tous les laquais de la villa Malta [2] et renvoyer ceux-ci un à un à leur maître..... Au Parlement italien, le 20 mai, anniversaire garibaldien sacré, ne peuvent

---

[1] *Stampa*, 13 mai.
[2] Villa du prince de Bülow à Rome.

être proclamés que la liberté et l'achèvement de la Patrie [1]... »

Quand, à la séance historique du 20 mai, d'Annunzio entra au Parlement, tous les députés se levèrent en criant : « Vive d'Annunzio ! Vive l'Italie [2] ! » Déjà, le samedi 15 mai, après cinq heures, une manifestation avait été faite par tous les employés des ministères, depuis les directeurs jusqu'aux plus modestes employés. Très calmes, sans bruit, ils avaient parcouru les rues de Rome en portant des drapeaux. Ils étaient allés saluer tous les ministres, à commencer par M. Salandra, puis le cortège, grossi de plus en plus, s'était rendu devant l'hôtel Regina, où d'Annunzio fut l'objet d'une longue acclamation aux cris de « Vive le poète de notre grandeur nationale [3] ! »

Enfin le Roi donna audience à Gabriele d'Annunzio : pendant plus de trois quarts d'heure, il se promena avec lui dans le jardin de la villa Ada [4]. Quel honneur manquait au nouveau tribun ?

VII

Le ministère Salandra et la solution de la crise.

Quand on considère, dans son ensemble, l'histoire de l'opinion italienne entre la fin de juillet 1914 et le 23 mai 1915, on y distingue trois moments principaux :

1° La guerre est menaçante ou même elle vient d'éclater entre la France, la Russie et l'Allemagne. Le Gouvernement royal de Rome examine « si les clauses des traités lui imposent de prendre part à cette lutte, mais l'étude la plus scrupuleuse de

---

[1] *Corriere della Sera*, 15 mai.
[2] *Id.*, 21 mai.
[3] *Temps*, 17 mai.
[4] *Id.*, 21 mai. Voir dans le numéro du 20 mai ce qui concerne d'Annunzio au Capitole et dans le numéro du 18 mai la réception du poète au Cercle artistique de Rome.

leur lettre et de leur esprit, ainsi que la connaissance des ori-
gines et des buts évidents du conflit l'amènent à une convic-
tion loyale et ferme qu'il n'est aucunement obligé d'y partici-
per [1] ». Le peuple italien, en très grande majorité, approuve, au
début du mois d'août, cette politique de neutralité. Pourquoi ?
En partie parce que, si l'Italie intervient, il s'agit pour elle
d'écraser la France et de favoriser l'Autriche.

Le 10 janvier 1915, M. Ugo Ojetti faisait dans le *Corriere della
Sera* les réflexions suivantes qui se trouvent confirmées par les
discours ou les écrits de bien d'autres parmi ses compatriotes
les plus autorisés à traduire le sentiment général : « Il n'y a en
Italie personne, je dis personne, pour croire que notre armée
puisse porter les armes à droite ou à gauche, sur l'ordre du
Ministre de la Guerre, contre la Carinthie ou contre la Savoie,
avec l'indifférence d'un tireur qui, voyant la cible n° 7 en mau-
vais état, va tirer sur la cible n° 8, ou vice versa. Souvenons-
nous-en : il en était déjà de même dans les premiers jours
d'août quand a éclaté la grande guerre... Il suffisait à ce moment-là de faire un tour en Cadore ou dans le Val d'Aoste, de
rapprocher les propos que l'on entendait, je ne dis pas ceux des
soldats, mais ceux de la population, pour se rendre compte que
notre neutralité indifférente correspondait plutôt à un état de
droit qu'à un état d'âme. Il suffisait de parler à un homme de
Cadore d'une guerre aux côtés de l'Autriche pour se convaincre,
par sa réponse, qu'il aurait été plus facile de prendre par leur
pointe les dolomites du Cristallo et de l'Antelao et de les faire
tourner sur leur base du Nord au Sud. En effet, les parlements,
les ambassades, les ministères des affaires étrangères à la rigueur peuvent oublier l'histoire; mais les peuples, jamais [2]. »

---

[1] Déclaration de M. Salandra à la Chambre, le 3 décembre 1914.

[2] Sur les diverses raisons mises en avant pour justifier au début la neutralité
de l'Italie, cf. Un Ex-Diplomatico, *La neutralità italiana* (*Nuova Antologia*,
septembre-octobre 1914) ; Victor, *L'Italia e la neutralità* (*id.*, 16 janvier
1915) ; S. Barzilai, *La neutralità proclamata* (*Messaggero*, 13 août 1914),
Governo e Paese (*id.*, 19 août), *Gli amici stranieri* (*id.*, 10 octobre 1914), *Alla*

L'alliance avec l'Autriche était bonne pour le temps de paix, afin de régler à l'amiable les contestations d'ordre secondaire et surtout pour empêcher certains problèmes vitaux de se poser ou de prendre un caractère critique; mais à tout observateur impartial, les tendances des deux pays apparaissaient inconciliables. Tout les séparait : l'un aspirait à reprendre des territoires que l'autre détenait et prétendait garder; l'un voulait pour lui-même et pour les divers peuples le droit de vivre libre du joug étranger, l'autre rêvait d'étendre encore le nombre des malheureux qu'il opprimait; l'un ne pouvait oublier qu'il avait été longtemps l'infortunée victime de l'autre et se refusait à faire cause commune avec son ancien bourreau. Au contraire, l'Italie et la France avaient été séparées par des dissentiments graves; mais une commune civilisation et de glorieux souvenirs les unissaient. L'Italie pouvait ne pas se ranger aux côtés de sa sœur latine; quant à se joindre contre elle aux Barbares, alors que la France n'avait pas voulu la guerre et qu'elle demeurait le champion du droit, cette infamie n'était pas imaginable.

Pour applaudir à la neutralité, en août 1914, la majorité des Italiens faisait encore valoir d'autres raisons : le danger immédiat auquel la Péninsule se fût trouvée exposée du fait des puissantes flottes française et anglaise concentrées dans la Méditerranée, la crise économique dont l'Italie était menacée par le reflux dans leur patrie de tant d'ouvriers italiens que les circonstances avaient éloignés des pays étrangers où ils résidaient, l'état relativement peu prospère des finances publiques au lendemain de la coûteuse guerre de Lybie, l'insuffisance de l'artillerie que le conflit nouveau surprenait en pleine période de réfection.

2° La neutralité avait donc satisfait d'abord la plupart des Italiens. Mais dès la fin d'août, beaucoup jugeaient qu'elle ne

---

Consulta (*Giornale d'Italia*, 18 octobre 1914) ; F. d'Ovidio, *L'origine della presente guerra* (*Rivista d'Italia*, 15 novembre 1914). Cf. aussi (trad. dans le *Temps*, 21 septembre 1914) un article de l'*Avanti*.

suffisait pas à protéger l'Italie dans le présent et surtout dans l'avenir. Ce conflit allait décider du sort de l'Europe entière, voire du monde; en attendre passivement l'issue n'était pas le moyen de se préparer un lendemain glorieux ni même supportable. L'Italie compta alors deux grands partis : l'un irrévocablement hostile à toute intervention; l'autre composé de deux groupes : le premier décidé à faire entrer le pays en scène le plus tôt possible pour fortifier la Triple-Entente, le second disposé sans doute, disait-il, à suivre cette voie, mais seulement lorsqu'il serait démontré que l'Autriche se refusait à consentir pacifiquement de justes concessions. Avec le temps et dès le mois de septembre, le nombre de ceux qu'on appelait *neutralisti absolus* ne cessa de diminuer, tandis qu'augmentait celui des *interventisti* résolus et aussi celui des *neutralisti conditionnels.*

3° Mais relativement à ces derniers, une équivoque persista longtemps : ils prendraient, disaient-ils, les armes si l'Autriche n'accordait pas de bon gré à l'Italie de justes concessions; mais quelle étendue devaient présenter ces concessions pour paraître suffisantes? A cet égard, les avis pouvaient varier. On s'en aperçut au mois de mai 1915. Nous avons exposé plus haut quelles conditions paraissaient acceptables à M. Giolitti et à ses amis. Si la majorité des *neutralisti conditionnels* s'étaient montrés aussi accommodants qu'eux, l'Italie eût sans doute renoncé à prendre les armes. Pourquoi n'en fut-il rien? Surtout parce que le ministère Salandra mit toute son influence au service de l'intervention. On ne saurait trop le répéter. Certes, quand M. de Beethmann faisait remonter à ce ministère toute la responsabilité de la guerre entre l'Autriche et l'Italie, il méconnaissait une grande partie de la vérité : les Italiens avaient pu, durant huit mois, réfléchir à la portée du conflit et peser mûrement le pour et le contre. Mais ce qui reste vrai, c'est qu'une heure sonna, où les forces des *neutralisti* et des *interventisti* semblaient s'équilibrer. C'est alors que le ministère Salandra fit pencher la balance de notre côté. Déjà d'ailleurs, depuis

quelque temps, il encourageait discrètement les *interventisti.*
Rappelons les principaux moments de son rôle.

Le 3 décembre 1914, M. Salandra avait dit à la Chambre :
« Notre neutralité ne devra pas rester inerte et molle, mais
active et vigilante; non pas impuissante, mais fortement armée
et prête à toute éventualité. L'expérience qui nous vient de l'histoire et plus encore des faits auxquels nous assistons doit nous
enseigner que, si l'empire du droit cesse, la force demeure
l'unique garantie de salut d'un peuple, la force humaine organisée et munie de tous les moyens techniques perfectionnés et
coûteux de défense. »

Sans doute une telle déclaration, si on n'en considère que la
lettre, n'engage aucunement l'avenir. Mais étudiée de plus près,
elle est plus favorable à la Triple-Entente qu'à l'autre coalition :
qui donc avait fait cesser *l'empire du droit?* Et pourquoi, entre
autres raisons, l'Italie avait-elle refusé de suivre ses alliées,
sinon parce que l'Autriche et l'Allemagne se livraient à une
injustifiable agression ?

Sans doute aussi, le ministre des affaires étrangères, successeur du marquis de San Giuliano, était représenté par beaucoup comme un ami des Empires centraux, mais, le 15 novembre, on pouvait lire dans le *Temps* un jugement dont la justesse
apparut chaque jour plus certaine : « M. Sonnino a la réputation d'avoir été un tripliciste convaincu. Mais quel est l'homme
d'Etat italien qui ne l'a pas été dans ces trente dernières années? Tant que la Triple-Alliance a eu une signification de paix
et d'équilibre, tant que l'Autriche n'a pas jeté des yeux d'envie
sur l'Adriatique et les Balkans, nombre de personnes en Italie,
à commencer par les nationalistes pour finir aux réformistes,
étaient triplicistes. Mais les événements ont changé la face des
choses et M. Sonnino est un tempérament réaliste, équilibré et
surtout animé d'un ardent patriotisme. On voudra peut-être rappeler qu'il protesta hautement en 1881, lorsque la France alla
en Tunisie. C'est vrai; mais, d'un autre côté, il prit la parole à
la Chambre et vota contre le ministère Giolitti-Tittoni, en 1908,

(7.)

blâmant le Gouvernement de n'avoir pas protesté contre l'annexion de la Bosnie-Herzégovine par l'Autriche. En outre, en 1906, étant président du Conseil, il consentit à l'accord franco-italien pour la Méditerranée, à la conférence d'Algésiras, si bien que son ministre des affaires étrangères, le comte Guicciardini, eut de violentes discussions avec l'ambassadeur d'Allemagne, le comte de Monts. On voit par là que *l'italianité* de M. Sydney Sonnino ne connaît aucune réserve et agit librement... » Une fois, dans les couloirs de la Chambre, il dit : « Je ne suis ni germanophile ni francophile, je suis tout bonnement italophile. »

Durant les premiers mois de 1915, les projets du ministère italien apparaissaient de plus en plus évidents. Le *Giornale d'Italia,* organe de M. Sonnino, préparait visiblement le public à l'idée de l'intervention [1]. Le *Corriere della Sera,* ouvrier infatigable de la même cause, voyait son directeur élevé par le Roi à la très haute dignité de sénateur [2]. Bientôt Victor-Emmanuel allait recevoir le colonel Garibaldi, à peine revenu de l'Argonne. Un député socialiste des plus influents, M. Bissolati, déclarait alors : « Pour comprendre l'importance de cette entrevue, il faut avoir lu les articles de certains journaux allemands sur l'expédition garibaldienne; il faut savoir quelle haine, quelle rancune on a nourries dans tout l'Empire contre ces jeunes gens : sentiments qui ont éclaté dans les journaux, comme aussi dans d'innombrables lettres personnelles que négociants, industriels, professeurs recevaient chaque jour d'Allemagne et d'Autriche. Eh bien, ce colonel hier encore revêtu de l'uniforme français et dont le kaiser avait mis la tête à prix, voilà qu'à peine retourné à Rome, il est reçu du roi qui lui serre la main, le félicite, l'interroge sur sa récente campagne, lui demande des nouvelles de l'armée française et du général Joffre, reste

---

[1] Voir l'article sur le devoir présent des Italiens, dans le numéro du 13 février 1915. Cet article eut un grand retentissement (cf. *Stampa,* 15 février, et réponse du *Giornale d'Italia,* le 16 février). Cf. dans le *Temps* du 18 février les commentaires de la presse allemande.

[2] En janvier 1915. Cf. *Temps,* 7 janvier, 28 mars 1915.

avec lui plus d'une heure, au su de toute Rome, de toute l'Italie, du monde entier! » Ce geste était si éloquent que les Allemands refusaient d'y croire ou d'en parler dans leurs journaux [1].

Personne, moins que M. Giolitti, ne pouvait douter des intentions du Gouvernement : il résolut de les contrecarrer. Peut-être son rôle à la Chambre, vers la fin de 1914, ne pouvait-il faire prévoir cette hostilité intransigeante. En effet, M. Giolitti avait pleinement approuvé les déclarations de M. Salandra relatives à la neutralité que le pays devait garder « jusqu'à ce que vînt l'heure de sortir du camp pour la sauvegarde des suprêmes intérêts de l'Italie ». M. Giolitti avait même semblé vouloir se dresser contre l'Autriche en révélant que déjà en 1913 elle méditait un hypocrite attentat contre la Serbie [2]. Mais il tira bientôt d'illusion les *interventisti* qui escomptaient son concours ou du moins sa bienveillance. On n'a pas oublié sa lettre au député Peano : « Il ne paraît pas improbable, disait-il, qu'on ne puisse obtenir pas mal de choses sans guerre. » Tel n'était pas l'avis du ministère. Aussi M. Giolitti travaillait-il à faire tomber du pouvoir MM. Salandra et Sonnino. Une première tentative se produisit dans les semaines initiales de 1915. Des tremblements de terre avaient désolé une partie de la Péninsule. On accusait le ministère de n'avoir pas organisé les secours avec une diligence suffisante.

D'articles parus dans *l'Azione socialista,* organe des réformistes, et dans *l'Idea nazionale,* on peut conclure les trois points suivants relatifs à la politique intérieure de l'Italie en janvier 1915 :

1° L'accord entre M. Giolitti et le prince de Bülow pour neutraliser le courant favorable à l'intervention italienne;

---

[1] Je résume ici ou je cite les déclarations de Bissolati à J. Carrère. Cf. *Temps,* 5 mai 1915. Sur diverses manifestations qui eurent lieu en Italie en l'honneur des Garibaldiens combattant en France, cf. *Temps,* 3, 4, 5, 6, 7, 8, 9, 12, 13, 14, 21, 31 janvier. — 5, 6, 8, 9, 23 février. — 12, 30 mars, — 27 avril.

[2] Déclaration de Giolitti à la Chambre le 5 décembre 1914. Cf. *Corriere della Sera,* 6 décembre.

2° La tentative de M. Giolitti et de ses partisans pour constituer avec les radicaux et les réformistes un gouvernement populaire s'appuyant sur la neutralité, gouvernement qui se flat-
tait d'obtenir Trente et Trieste par un accord avec l'Allemagne;

3° Le refus des radicaux et des réformistes qui fit avorter le
projet [1].

Cette fois, les intrigues de M. Giolitti avaient échoué. Il ne se
tint pas pour battu. Il prépara un assaut contre le ministère et
se déclara soutenu par plus de trois cents députés [2]. M. Salandra
prit les devants. Il remit à Victor-Emmanuel la démission du
cabinet (13 mai) sans attendre la réouverture des Chambres.
C'était demander au souverain de prendre ouvertement parti. Il
n'eut garde de se dérober (16 mai) et en même temps que lui,
ou même avant lui, se prononça la majorité du peuple dont
nous avons en partie raconté les ardentes manifestations. Ces
deux puissances maintinrent à la tête des affaires M. Salandra
et ses collègues. Les élus de la Couronne et du peuple, le Sénat
et la Chambre, confirmèrent ce verdict en accordant de pleins
pouvoirs au ministère Salandra (20, 21 mai). La guerre fut enfin
déclarée à l'Autriche (23 mai).

C'était la conclusion logique de la crise. Le Gouvernement de
François-Joseph se montrait surpris. Il avait une fois de plus
manqué de pénétration, et avec lui l'Allemagne. Les deux com-
plices « crurent jusqu'au dernier jour qu'ils avaient affaire
avec une Italie inoffensive, bruyante, mais non méchante, capa-
ble de tenter un chantage, mais jamais de faire valoir avec ses
armes son bon droit, avec une Italie que l'on pourrait paralyser
en dépensant quelques millions et en s'interposant par des
manœuvres inavouables entre le pays et le Gouvernement ».
Ainsi s'exprimait M. Salandra, le 2 juin, au Capitole. Cette
erreur des Empires centraux expliquait la lenteur des pourpar-
lers pénibles et interminables consignés dans le *Livre vert*.

---

[1] Voir le *Temps*, 1ᵉʳ février 1915.
[2] *Stampa*, 13 mai 1915.

Quand le sort fut jeté, l'Italie accepta avec enthousiasme le conseil que lui donnait M. Salandra : « Puisque notre génération a reçu du destin la tâche terrible et sublime de réaliser l'idéal de la grande Italie, que nos héros du *Risorgimento* n'ont pas pu voir accomplir, acceptons donc cette tâche d'une âme invincible, prêts à nous donner tout entiers à la patrie, à donner ce que nous sommes et ce que nous avons. Devant le drapeau tricolore qui flotte sur les camps à côté de la personne sacrée du Roi, abaissons tous les autres drapeaux, fondons tous les cœurs dans la foi commune. C'est par ce signe que nous vaincrons. »

Qui, plus que la France, le souhaite à l'Italie ?

TABLE DES MATIÈRES

Grenoble. — Imprimerie ALLIER FRÈRES, 26, cours de Saint-André.

Au profit de l'Œuvre des mutilés de la guerre. Anatole FRANCE, de l'Académie française, **Sur la voie glorieuse**, 15ᵉ édition. Un beau volume in-4°.   3 fr. 50

Au profit de l'Œuvre du vêtement du prisonnier de guerre. Rémy de GOURMONT, **Pendant l'orage.** Un beau volume in-4°. Dessin de Forain. Frontispice Rouveyre.   5 fr.

Au profit des blessés du XVᵉ corps. Charles MAURRAS, **L'Etang de Berre.** Un beau volume in-8°.   5 fr.

LASSERRE (Pierre). **Le Germanisme et l'Esprit humain**, 1915, in-8°. 1 fr. 25

Henri PRUNIÈRES. **L'Opéra italien en France avant Lulli.** Un volume in-8° raisin de LII-428 pages avec Appendice musical de 32 pages. Couronné par l'Académie française.   12 fr.

JEANROY (A.), professeur à l'Université de Paris. **Giosuè Carducci, l'homme et le poète**, 1911, in-8°, XVI-289 pages.   5 fr.

On ne saurait mieux donner un aperçu de l'intérêt et de la diversité de cet ouvrage du successeur de M. Gebhart à la Sorbonne, qu'en extrayant quelques titres de la table des matières.
CH. Iᵉʳ. *Biographie du poète jusqu'en 1857.* — CH. II. *Le premier recueil poétique : « Les Rime » :* Les sonnets : imitation du *dolce stil nuovo*, des poètes érotiques du XVIIIᵉ siècle. Les sonnets médaillons. Les *Canti* : imitation du *dolce stil*, des *laudi spirituali.* Les *canzoni* : imitation de Pétrarque et de Leopardi. Le *Canto alle Muse* : imitation de Foscolo et des poètes latins. L'ode horatienne : association de la forme antique et d'idées modernes. La haine de l'étranger et du romantisme : allusions à la littérature allemande et à la littérature française. — CH. III. *Des « rime » aux « Levia gravia »* (*1857-68*) : Carducci quitte San Miniato. Il s'établit à Florence. Les événements de 1859. Inspiration patriotique et monarchique. Carducci professeur à l'université de Bologne. Travaux d'érudition. Evolution politique. L'expédition garibaldienne de 1867 : ode *agli amici della Valle Tiberina.* Carducci « transféré à Naples, puis suspendu de ses fonctions. Publication des *Levia Gravia.* — CH. IV. *Des « Levia Gravia » aux « Poesie »* (*1868-71*). — Etude des « *Decennali* » : Fièvre politique. Deuils de famille. Préparation d'un recueil de poésies politiques. Publication des *Poesie.* Inspiration humanitaire et démocratique. L'imitation des poètes classiques fait place à celle des modernes. Influence prépondérante de V. Hugo. Les *Decennali* et les *Châtiments.* Identité de l'inspiration : emprunts de détail. C'est l'influence de V. Hugo qui transforme la manière de Carducci. — CH. V. *Les « Nuove Poesie »* (*1873*). Travaux de philologie et de critique. Polémiques. *Nuove Poesie.* Sarcasmes à l'Italie officielle. Comment s'explique la persistante exaspération du poète. Nouvelles imitations des *Châtiments.* Les poésies descriptives et sentimentales. Nouvel état d'esprit du poète. La *Ripresa* est l'exposé de tout un programme qu'il ne cessera plus de développer. Influence des poètes allemands. La ballade historique. Imitations de Heine. Les poésies personnelles. L'*Idillio maremmano.* Les *Primavere elleniche* : leur signification. — CH. VI. *La Satire littéraire chez Carducci.* — « *L'Intermezzo* ». Succès des *Nuove Poesie.* L'opinion de la critique étrangère. Ripostes. — Ses théories littéraires et leur lien avec ses idées politiques. Les romantiques et les « Arcadiens ». L'*Intermezzo*, dernière charge contre les romantiques attardés. La part des rancunes personnelles dans l'*Intermezzo.* — CH. VII. *Des « Nuove Poesie » aux « Rime Nuove »* (*1873-87*) : Dernières polémiques. Evolution politique : l'ode à la Reine. Distinctions universitaires. Tentatives de Carducci pour entrer dans la politique active. Travaux pour le grand public. La *Cronica bizantina.* Nouvelles éditions. Le *Ça Ira* (1883) et ses sources : emprunts à Carlyle, à Louis Blanc, à Michelet. Les *Rime nuove* (1887) : étude des pièces nouvelles de ce recueil. — CH. VIII. *La Poésie métrique.* — *Les trois recueils d' « Odes barbares »* (*1877-89*) : La poésie métrique. Les trois systèmes en présence. Le système de Carducci : ses avantages et ses inconvénients. Avenir de la réforme. Les premières *Odes barbares.* Retour à l'antiquité. Que signifie cette formule ? Rapport entre les *Odes barbares* et les Odes d'Horace. Odes amoureuses. Pièces historiques. Carducci chantre de Rome. Les *Nouvelles Odes.* Les *Troisièmes Odes.* Perfectionnement de la forme. Odes amoureuses, morales, historiques. Odes sur Rome et sur Garibaldi. *Miramar.* — CH. IX. *Des « Troisièmes odes barbares » à la mort de Carducci.* — *Les « Rime e Ritmi »* (*1889-1907*) : Travaux d'érudition. Publication des *Opere.* Les *Rime e Ritmi.* Retour partiel à la métrique et aux genres traditionnels. Aboutissement de l'évolution politique de Carducci : ses idées sur la politique générale. Carducci et Crispi. Irrédentisme et nationalisme. Valeur littéraire des dernières odes historiques. Evolution religieuse. Derniers travaux d'histoire littéraire et d'érudition. Les *Prose.* Mort du poète.

Œuvres de François Rabelais, édition critique publiée par Abel LEFRANC, professeur au Collège de France, Jacques BOULENGER, Henri CLOUZOT, Paul DORVEAUX, Jean PLATTARD et Lazare SAINÉAN. Tome I. **Gargantua** : Prologue chapitres I-XXII. Avec une introduction, une carte et un portrait. Beau volume in-4° de CLVI-214 pages.   5 fr.

Tome II — Chapitres XXIII-LXIII (et dernier). Volume in-4° de 458 pages. 10 fr. On souscrit à tout l'ouvrage (8 volumes environ).

CHAMPION (Pierre). **François Villon, sa vie et son temps**, 2 volumes grand in-8°, avec 49 planches hors texte. Prix des deux volumes ensemble (épuisé). 30 fr.
Il a été tiré 25 exemplaires sur papier de Hollande à 75 francs.
— **La vie de Charles d'Orléans (1394-1465)**, 1911, fort volume in-8°, avec phototypies.

Correspondance générale de Chateaubriand, publiée avec introduction, indication des sources, notes et tables doubles, par L. THOMAS. Tomes I (avec un portrait inédit), II, III (avec un portrait inédit) et IV (avec un portrait inédit), in-8° de chacun 400 pages. Chaque 10 fr.

FARAL (Ed.). **Mimes français du XIIIe siècle**, contribution à l'histoire comique au moyen âge, 1910, in-8° de XV-130 pages. 5 fr.
— **Courtois d'Arras**, jeu du XIIIe siècle. Un volume in-8° de VI-34 p. 0 fr. 80

Louis Eunius ou le Purgatoire de Saint-Patrice, mystère breton en deux journées, publié avec introduction, traduction et notes par G. DOTTIN, 1910. Fort volume in-8°, 500 pages. 10 fr.

MOREL FATIO (A.). **La Comedia espagnole du XVIIe siècle.** Cours de langues et littératures de l'Europe méridionale au Collège de France. Leçon d'ouverture, 1885, in-8°. 1 fr. 50

Mystère de saint Crespin et saint Crespinien, publié pour la première fois, d'après un manuscrit conservé aux archives du royaume, par L. DESSALLES et P. CHABAILLE, 1836, grand in-8°, papier vélin, fac-similé. 14 fr.

François VILLON. Œuvres, édit. par un ancien archiviste [Auguste LONGNON]. Un volume in-8° de XVI-124 pages. 2 fr.

N. SERBAN. **Leopardi et la France.** Essai de littérature comparée, in-8°, XIX-544 pages. 12 fr. 50
— **Lettres inédites relatives à Giacomo Leopardi**, publiées avec introductions, notes et appendices. In-8°, XXIV-260 pages. 7 fr. 50

TOURNEUR (Victor). **Le Mystère Breton de saint Crépin et de saint Crépinien**, 1906, in-8°. 5 fr.
Introduction [Etudes sur les sources]. Texte breton et traduction française.

BIBLIOTHEQUE DE L'INSTITUT FRANÇAIS DE FLORENCE (Université de Grenoble).

PREMIERE SERIE.

Tome I. — **Documenti bibliografici et critici per la storia della fortuna del Fénelon en Italia**, par G. MAUGAIN, 1909, in-8°, XXX-229 pages. 7 fr. 50

Tome II. — **Montesquieu e Machiavelli**, par E. LEVI-MALVANO, 1911, in-8°. 144 pages. 5 fr.

DEUXIEME SERIE. Collection d'opuscules de critique et d'histoire.

N° 1. — **L'Italie dans quelques publications de jésuites français**, par G. MAUGAIN, 1910, grand in-8° jésus, 62 pages. 1 fr. 50

N° 2. — **Sur la destinée de quelques manuscrits anciens.** Contribution à l'histoire de Fabri de Peiresc, par C. PITOLLET, 1910, 15 pages à 2 colonnes. 0 fr. 50

N° 4. — **Boileau et l'Italie**, par Gabriel MAUGAIN, 1912, 103 pages. 2 fr.